ボクらの居場所はここにある!

フリースクール

NPO法人
フリースクール
全国ネットワーク編

東京シューレ出版

もくじ

OBとして、今何を感じているか

フリースクールのスタッフになって考える

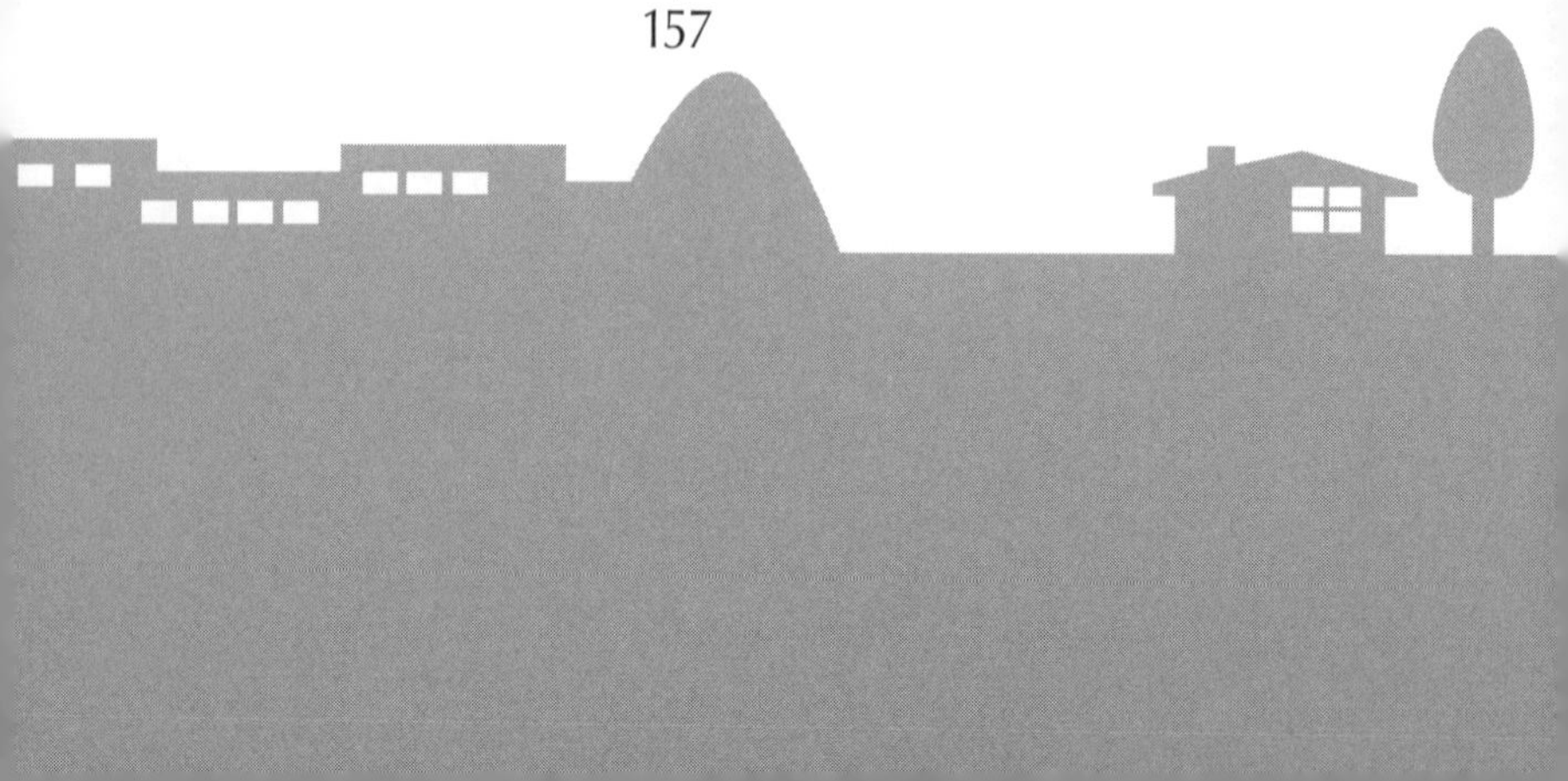

パート1

フリースクールで育つ子どもたち

フリースクールで育つ子どもたち

NPO法人フリースクール全国ネットワーク
代表理事　奥地圭子

1. この本は

この本は、NPO法人フリースクール全国ネットワークにつながるフリースクール団体のうち、手記募集に応じてくださった方々の文章が集録されています。

フリースクールは、学校制度の外にある子ども・若者の居場所、学び場、活動の場です。学校に通っている子は学校に行くので、フリースクールを活用しているのは、主として学校へ行っていない子ども・若者たちです。もちろん、フリースクールは誰が活用してもよく、外国籍の子、障がいを持った子、ゆっくり人生を見つけたい子、自分のやりたい活動をしながら高卒認定試験に向けての学習をする子など、様々な子ども・若者が通ってきています。

日本のフリースクールの誕生は一九八〇年代半ばですが、それから二〇年あまり、不登校の激増を背景に広がっていきました。ここでいうフリースクールは、フリースクール、フリースペース、居場所、オルタナティブスクール、デモクラティックスクールなどの言い方で、自らの場を位置づけている様々な呼称を含むとお考えください。それらフリースクールの形態は実にいろいろでひとくくりにできませんが、共通していることは学校外の場であり、行政の認可は不要で自由に開設していること、既成の教育カリキュラムにしばられず子どもの意思や気持ちを尊重すること、また不登校の子どもを受け入れている、ということでしょうか。ひとつ例外的に、東京シューレがフリースクールの公教育化をめざし特区制度によって実現した、廃校活用の私立中学校は学校制度内ですが、正規の教育機関として卒業資格を出すことのできるフリースクールとなっています。

このフリースクールに通う子ども・若者たちは、どんな体験をして、どんなふうにフリースクールと出会い、フリースクールでどう過ごし、どんなことを感じてきたのでしょうか。そのことを知っていただくために、この本を企画しました。

不登校に悩む保護者の方々、学校に合わなさを感じ別の居場所を見つけたいお子さんたち、高校を中退した若者や、教育のあり方を考えている教員、学生さん、フリースクール情報がほしいカウンセラーや相談員、医師の方々など、多くの方々に読んでいただきたいと思っています。

これまで出版物でフリースクールの子ども・若者の声が発信されるのは一部のフリースクールのみでしたが、この本は全国各地のフリースクールで育つ、あるいは育った人のナマの声が述べられている点に、とりわけ価値があると思います。

巻末には、全国ネットワーク参加団体一つひとつの概要を掲載していますので、併せてご覧ください。

さて、それではフリースクールとはどんなところなのか、この全国ネットワークの基本的な考えや具体的な活動などについてをもう少し知っていただき、読むうえでの参考にしていただきたく思います。

2. フリースクールとは何か

「フリースクール」を日本語に直訳すると「自由学校」となってしまいますが、日本では一般に、正規の教育機関として認可されている学びの場は「スクール」と言わず「学校」と言います。むしろ「英会話スクール」とか「スイミングスクール」など、認可のいらない自由に作り出した、何かを学んだり身につけたりする場を「スクール」と表現するようです。「フリースクール」の「スクール」は、そんな民間で作り出す、何かを学ぶ場をさすわけですが、「フリー」は設置の自由だけではなく、そこにおける内容の自由を含んでいます。

一般に小中高校生など、学齢期の子どもが学ぶ学校では、学習指導要領に基づいたカリキュラムで行われますが、フリースクールでは自由です。

もともと世界的にみれば、フリースクールの歴史は国家主導の学校教育に対し、子ども中心の教育を唱える新しい教育運動として、ヤヌシュ・コルチャック、A・S・ニール、セレスティン・フレネ、ジョン・デューイなどで知られるように、欧米の実践から始まっています。

たとえばA・S・ニールの創設したサマーヒルスクールは、一九二四年に設立されていますので、すでに八四年の歴史をきざみ、世界で最も古いフリースクールとして、各国にフリースクールを創出させる影響を与えました。

子ども中心の教育とは国家社会のための人材育成ではなく、その子ども自身のために存在し、子どもの自己決定が尊重され、興味、関心を大切に、子どもが参加・参画してつくる教育であり、そうあってこそ主体的な人間が形成されていくと考えています。

日本では、八〇年代半ばにフリースクールが誕生していきますが、この世界の流れをくむものであり、背景には七〇、八〇年代の日本の受験競争や管理教育があり、子ども主体の教育が求められたと言えます。しかも、実際的にフリースクールを次々誕生させた要因として、登校拒否・不登校の激増がありました。

一九七五年頃から毎年、記録を更新して増えていった学校に行かない・行けない子どもたちのために居場所・学び場・活動の場が必要とされ、フリースクールの存在がリアリティをもって社会に広がっていくことになるのです。

そこにはふたつの流れがあります。ひとつは、欧米の自由教育に感銘を受けた個人が、子ども中心の場をつくっていくもの。もうひとつは、登校拒否を受け止める立場から展開されていた親の会・市民の会などが、子ども中心の考えで場をつくっていくというものです。しかし、どちらにしても原動力になったのは、主として学校に行っていない子どもとその親たちでしたから、誕生の違いは、あまり問題ではありませんが、親の理解が大事であり、フリースクールへの社会的支援がないなかで存続させるためにも力になりました。

子ども中心のフリースクールで、不登校の子どもたちは元気と自信を取り戻し、子どもの育ちは学校だけではない、ということを世間に示すことになりました。また行政や社会が持っている不登校への誤解や偏見を変えることにも一役を担いました。

学校に行けない、行かない子どもたちは、学校を休むまでにも苦しい思いや不安や不信感でいっぱいで、ストレスを溜めています。そして不登校が始まってからも、不登校を理解されず、学校へ戻されようとするつらさを味わっています。また、わが国の学歴社会の価値観のなかで、自己の存在を否定せざるを得ず、自責感や罪悪感に苦しんでいます。そのような状況の子どもたちが、なぜフリースクールで元気になり自己をとりもどすのかは、ぜひフリースクールで育った本人たちの手記をご覧いただきたいと思います。

ここでは、フリースクールの存在と運動が学校制度との関係を変え、次の二つの制度ができていることを記させていただきます。

ひとつは、フリースクールの出席日数を、学校の出席日数にカウントしてもよいという制度です。一九九二年「学校不適応対策調査研究協力者会議」の報告を受けた当時の文部省が、それまでの登校拒否への認識を転換し、「誰にでも起こりうるもの」との認識に立ち、フリースクールに通うことも認めたことから、所属学校の校長裁量によりできることになりました。もうひとつは、それならフリースクールに通う小中学生に通学定期の適用を認めてほしいと、フリースクールに通う子ども・親・スタッフなどで運動し、一九九三年にそれが実現したのですが、以来小・中学生たちが、安い学生割引で通えるようになったことです。

しかし、フリースクールの高等部生は、まだ通学定期は実現できていません。現在、適用を求めて運動中であり、そのプロセスで、国会に「フリースクール環境整備推進議員連盟」が超党派で二〇〇八年五月に誕生しており、今後が期待されます。

3. フリースクール概念の混乱

二〇〇八年九月、京都の「丹波ナチュラルスクール」という民間の更生施設で、経営者らが、入所していた不登校や家庭内暴力、ひきこもりの子ども・若者への暴力事件を起こし、逮捕されました。殴られ、蹴られ、一七日間の治療を必要とする傷を負った女子中学生が、部屋の鍵をこわして脱走、コンビニに駆け込み、警察に保護されて明るみに出たのですが、この事件が「フリースクール傷害事件」という見出しで新聞などで報道されました。こういう人権無視の、力によって矯正させるところは、フリースクールの対極にあるにもかかわらず、なぜ、「フリースクール」という報道になったのでしょうか。似た更生施設に「戸塚ヨットスクール」がありますが、全盛期を誇った八〇年代に、戸塚ヨットスクールのことをフリースクールと言ったり報道したりする市民やマスコミは、ひとりもいませんでした。でも、今なぜ、フリースクールと報道されるようなことが起こるのでしょうか。

それは九〇年代に少子化が進行し、七〇年代・八〇年代に補習塾、進学塾として誕生した塾産業が、経営的な落ち込みに直面し、不登校を事業対象とするように変わっていき、フリースクールと呼ばれるようになりました。また、公的機関が不登校の学校復帰を目指して用意した「適応指導教室」が増え、そこがフリースクールと呼ばれたり、医者がつくったデイケアの場所や更生施設もフリースクールと呼ばれるようになっていきました。つまり、日本では子ども中心で民主的にやっていくという意味合いよりも、不登校の子どもが行くところはみんなフリースクールと表現されるようになり、いわばフリースクールの概念が混乱してきた状況があるのです。

そのなかで、丹波ナチュナルスクールのような、フリースクールと対極にあるようなところも、不登校する子を預かっているわけで、そのようにとらえられてしまう状況が起きています。

私たちフリースクール全国ネットワークでは、この事件の報道に対し、このような人権無視のやり方への抗議とともに、フリースクールの概念が混乱をきたすような報道への問題を指摘し、誤解や不安を与えないようアピールを出しました。

4. フリースクールと全国ネットワーク

フリースクールでは、どんな学びや活動をやっているのでしょうか。どんな過ごし方になるのでしょうか。そして運営はどうしているのでしょうか。

それらは、一人ひとりの手記と巻末の資料をどうぞお読みください。一〇〇あれば一〇〇通りの異なる内容で日々が進んでいます。開室時間も月〜金曜日までの週五日もあれば、週二日や土日のみなどもあります。開室時間も一日八時間もあれば四時間もあるのです。規模も一〇〇人を超えるところもあれば、三〇、四〇人もあり、数名もあります。有給職員がかなりいるところも、全員ボランティアでやっているところもあります。日々の内容も教科学習、スポーツ、料理、野菜作り、仕事体験、大工作業、演劇、映像製作、ゲームや遊びなど様々です。高卒認定試験のサポートができるようになっていたり、どこかの高校と技能連携して、フリースクールで高校の単位がとれる仕組みにしているところもあります。

行政との連携でフリースクールに公的支援があったり、場所の提供、広報協力をしているところもあります。二〇〇七年四月、東京シューレがフリースクールの公教育化を目指し、不登校の子どもたちによる子ども中心の教育を展開する私立中学校を開設したのは、区、都、国とＮＰＯの連携によります。

このようにあり方は様々ですが、フリースクールの社会的意義は大きいものがあると私たちは考えています。

第一に、不登校の子どもたちに居場所を提供し、学び育つためのサポート、安心できるつながり、そして自立への支援を行ってきたことです。「フリースクール白書」（NPO法人フリースクール全国ネットワーク発行・二〇〇四年）では、多くの子どもがフリースクールに入ってよかったと感じており、フリースクールに出会うことにより、好ましい変化もたくさんありました（図1）。

また、子どもにとってだけではなく親にとっても歓迎され、それは子どもにとってよかっただけではなく、親にとっても好ましい結果を導いているのです（図2）。親が孤立せず、様々な情報を得て仲間と出会うことにより、安心、自信が戻り、子どもとも関係がよくなっていく、という結果になっている方が多いのです。

第二に、硬直した日本の学校制度に幅をもたらし、実質上の選択肢を広げたことです。これは、選択の数が増えただけではなく、学校教育を相対化し、学校のみが成長の道ではないことを示しました。そのことから、自己の存在を肯定的に捉えられるようになった不登校の子ども、若者、その親の方々はたくさんいます。

「フリースクールに入ってよかったか」
図１（子ども調査）

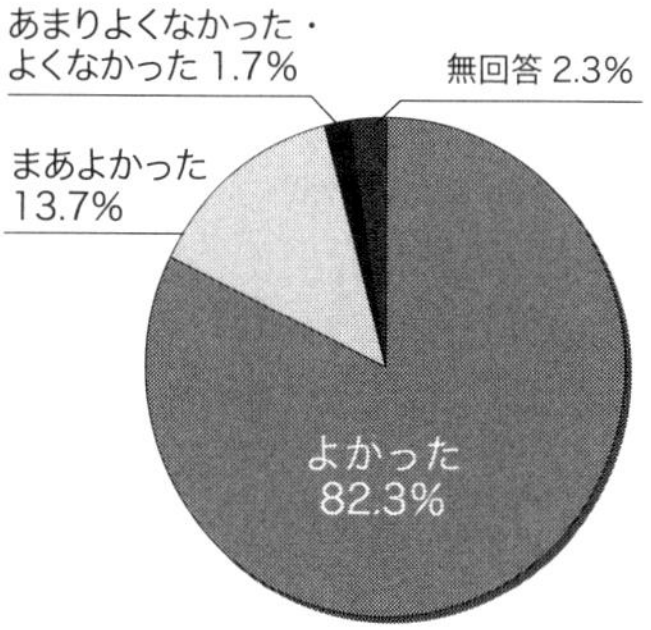

「保護者にとってよかったか」
図２（保護者調査）

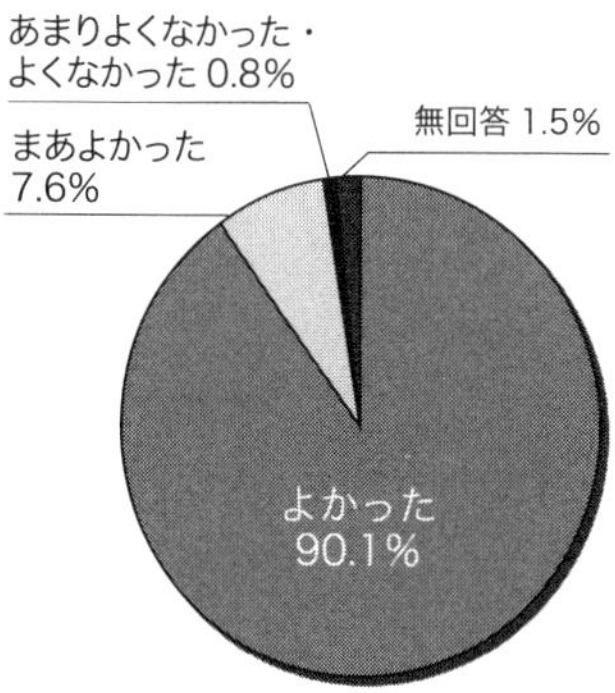

『フリースクール白書』2004 年３月　NPO 法人フリースクール全国ネットワーク発行
「(２) 子ども調査・(３) 保護者調査」より作成

また、いじめがあっても学校へ行かなければならないと無理な登校をし続け、自殺寸前にフリースクールを知って、死ぬことを考え直した子など、学校を絶対化する価値観が変わっていくことにもなりました。

第三に、子ども中心の教育を実際につくり出すことで、子ども自身が生き生きとよみがえっただけでなく、上からのお仕着せ教育や点数競争の教育などを見直し、教育とは何か、大人と子どもの関係はどうあるのが望ましいのかなど、既成の教育への問題提起を実践的にできた意味は大きかったと思います。

第四に、フリースクールは行政や専門家がつくるのではなく、市民や親がつくり出すことで広がり、子どもの教育はお上（国）が用意するものをこなすというパターンではなく、自らが考え、創っていくものという文化を発信できることだと思います。

しかし、それら社会的に有意義な活動を積み重ねてきても、公的支援がほとんどありません。フリースクールは「学校制度の枠外」とする認識から、種々の不利益を被っています。これらが何らかの前進を見るとき、もっとすばらしい活動の実りが得られ、たくさんの子どもの笑顔に出会うことができるでしょう。

この本を出版することとなった「フリースクール全国ネットワーク」は二〇〇一年に誕生し、ＮＰＯ法人として全国約六〇団体を結び、活動しています。二〇〇〇年に、日本でＩＤＥＣ（International Democratic Education Conference　愛称・世界フリースクール大会）を子どもたちが中心となり準備し、開催したことから、日本でもネットワークがほしいと気運が盛り上がり、翌年、結成にいたりました。二〇〇九年一月一一・一二日には、ＪＤＥＣ（愛称・日本フリースクール大会）が予定されています。

まずは、フリースクールで育つ子どもたちの成長を彼らの手記で、知っていただければ幸いです。

パート2

ボクらの居場所は ここにある！

For Lifeに出会って

フリースクールフォーライフ（兵庫県）
田村 菜摘

1990年生まれ。13歳から不登校になり、16歳からFor Lifeに通っている。

ここなら好きな音楽ができそう！

私は兵庫県と淡路島を結ぶ明石海峡大橋のふもと、垂水区というところにある「フリースクールFor Life」に通っています。この一〇月で一年半を過ぎようとしていますが、まずフリースクールに通うようになったきっかけについて、お話ししてみようと思います。

私は小さい頃から音楽が大好きで、小学校一年生からエレクトーンを習っていました。歌うことも楽器を演奏するのも、弾き語りをするのも大好きでした。だから、フォーライフの見学に来た時、思いがけず二階にキーボードとかギターなどがいっぱいそろっていたのを見て、すごいと思いました。その時、毎年三月にフリースクールを卒業するメンバーを送る卒業パーティで演奏するために、みんなでバンドの練習をしているのを見て、ここなら私の好きな音楽ができそうだし、誰かとバンドも作れるかもしれないと思い、うれしくなってすぐにでも入会したいなと思ったのでした。

実際に、入会して半年後の夏、全国子ども交流合宿が開かれ、「MYN（ミュン）」というスリーピースバンドを結成して演奏しました。たくさんの人の前でバンド演奏するのは初めてですごく緊張したけど、弾き始めたら観客がいることを忘れてしまうほど夢中になっていて、気がつけば緊張も吹き飛んで、人に聴いてもらうことの楽しさを知りました。その時、有名バンドの元ドラマーの方がゲストで来てくれていたので、その演奏に合わせて歌うこともできました。そのことは今でも私の心のなかに残っています。

今年の夏も全国合宿の音楽交流に参加して「MYN」として参加はできなくて残念

だったのですが、去年の全国合宿で知り合った女の子が直前に声をかけてくれて、一緒に飛び入りで参加することができました。まさか参加できるとは思っていなかったので夢のようでした。

フォーライフで毎年開催される文化祭としては〝仲間展〟があります。今年はフォーライフ一〇周年を迎えて、その記念に三ノ宮のスタジオを借りて、フリースクールのメンバーやスタッフと一緒に演奏をしました。総勢五〇人ぐらいの保護者の方や関係者の方々が聴きに来てくださり、喜んでいただきました。いろいろ試行錯誤もありましたが、やりとげた後の充実感は最高でした。

料理に運動、自然を満喫する

次に、フリースクールの日常の様子についてお話しします。

バンドや楽器演奏のほかにも、フォーライフではいろんな活動をしています。畑で野菜を育てて、収穫したものを使って自分たちでメニューを決めて料理をします。じゃがいもがとれた時に、チキンラーメンを混ぜてお好み焼きの粉をまぶし作ったコロッケは絶妙の味でした。家でも作ってみましたが、家族みんながおいしいと言っていっぱい食べてくれました。

今年の夏は特に、竹の代わりに雨どいを使って流しそうめんをするのがブームでしたが、その時一緒にミニトマトやシシトウを流して楽しみました。調理師の先生に教えてもらったモロヘイヤと卵のおすましは初めて食べたけど、みんな気に入ったようでした。このように、調理師の先生には月に一回、本格的な料理を教えてもらったり、外国の方にお願いしてそれぞれの国の郷土料理を作ったりもします。

週に一回の〝体を動かす日〟は、近所の公園で遊んだり自転車でちょっと遠くまで出かけたり、体育館で卓球やバドミントン、ストリートバスケットをすることもあります。これらの活動は毎週月曜日のミーティングでメンバーが希望を出しあい、話しあって決めます。みんなが一番実現したい今後の計画は「北海道自転車旅行」です。そのためにフリーマーケットで資金を貯めたり、自転車で少し遠出をして足腰を鍛えたり、交通ルールを学び直したりしています。三年前の秋にOBが沖縄自転車旅行を実現しているので、経験者に計画の立て方やその時の体験談などを聞いて、参考にしたうえで私たちも必ず実現したいと思っています。

月に一度程度の割合で、兵庫県の郊外にある「里山工房」まで出向いて木や自然の素材でテーブルやいす、器・アクセサリーなどを作っています。そのほかにも綿あめ器やパン作り、はちみつのろ過など、理科の実験みたいなことをしながら副産物としてのお菓子をみんなで味わっています。薪ストーブで、近くでとれたシイタケやさつまいもを焼いたり、山菜の天ぷらを作ったり、田舎ならではの旬の食材を堪能しています。駅から工房までは田舎道を小一時間ほど歩きますが、春はおたまじゃくしやカエルをつかまえたり、秋は紅葉がきれいで柿をとったり畑のおじいさんからなすやネギなどをもらったりして、思いがけない楽しみがあります。自然を満喫しながら歩く道は遠く感じません。

淡路島には五年前にOBたちが温室を改造して作った居場所、通称〝トトロの家〟があります。そこを利用して、初夏から初秋にかけては寝袋で泊まり、夕食にハヤシライスを作ったりバーベキューをしたり、夜には近くのお墓や神社で肝試しをします。お正月には恒例の行事として、家族総出で餅つきもします。私は初めて参加して食べたおもちのやわらかさが忘れられません。トトロの家は山の中にあって、夜は明かりもほとんどなくて真っ暗なので、星がきれいに見えます。今年の秋から冬にかけて念願である「星を観る会」をしたいと考えています。また、大家さんの田んぼをお借りして米づくりをしていて、六月には田植えを、九月にはみんなで刈り入れをします。そのお米でおにぎりパーティをしますが、市販のお米とは一味も二味も違います。今後フォーライフでは、このおにぎりを使った地域交流も考えています。

みつけた！ 私の居場所

私は小学校の頃に同級生とうまくいかなくて学校に行かなくなりました。席替えをする時、私と隣になった男子が「あいつと隣かよ、最悪やなあ」などと言ったり、廊下ですれ違った時に「きもい」と言われたりしたことがありました。休み時間もひとりになることが多くて、グループ決めの時もきまって私がひとりになって先生があとでグループに入れてくれたのでした。ある日、友だちの家で遊ぶ約束をしたので、その子の家に行ってインターホンを何回押しても出なくて、次の日学校でその子に、「昨日遊ぶ約束してたけどどうしたん?」と聞いたら、「遊ぶ約束なんかしてへんけど……」と言われたりしてすごくショックでした。そういうことが続いていても、小学校の頃は我慢して休まず学校にも行っていました。でも、学校から帰ってきたら自分の部屋でひとり泣いていたことも多かったです。

中学校の時には、ブラスバンドに入り、仮入部で音色が気に入ったのでクラリネットを吹いていました。でも同じパートの同級生とうまくいかず部活に行きにくくなり、中学校一年生の終わりには学校に行けなくなりました。それから家に閉じこもっていた時期もあったけど、二年生になってしばらくしてから、教室には入りづらいけど学校には行きたいという気持ちが起こり、先生に相談して保健室登校をしました。その頃、保健の先生の紹介でクリニックやカウンセリングに通いだしました。そこでこのフリースクールを紹介してもらったのです。

フリースクールと聞いて、くる前は「どんなとこやろう？」と思って不安だったけれど、実際に見学のためにフリースクールの前まで来たら「普通の家やん！」って感じで少し安心しました。まだ緊張はあったけど、玄関には靴がたくさん置いてあったので、にぎやかそうだなと思って興味がわいてきました。家の中に足を踏み入れるとすごく落ち着く感じがしました。通ってみて最初はメンバーの子と仲良くできるか心配だったけど、今では何でも話せる家族みたいな感じです。スタッフは私が悩んでいる時に相談にのってくれたり、勉強をみてくれたりします。

アルバイトと弾き語り

今はフリースクールに通いながらアルバイトをしています。ホテルの客室クリーンスタッフという仕事です。私は何でもきれいにすることが好きなので、この仕事を選びました。ベッドメイクやバスルームの掃除などの体力仕事ですが、だいぶ慣れてきました。バイト先はおもしろいおばちゃんや、私のことを気にかけてくれるおばちゃんがいたりして楽しいです。でもすごく厳しい人もいて、いやなことを言われたりして何度かやめたいと思ったこともありました。だけどフリースクールのスタッフたちが話を聞いてくれたりするので気を取り直すことができ、やめずにここまで来れています。この仕事を続けて三か月になるけど、自分のなかで一番続いているアルバイトです。

以前にも何回かアルバイトをしていたけれど、仕事の内容が初めに思っていたことと違っていたり、時間の調整がむずかしかったりして長く続けることができませんでした。でも今回はアルバイト先を決める時に、自分のやりたいこととか、働ける曜日、アルバイト先の仕事の内容などについて、フリースクールのスタッフたちと相談することができました。スタッフたちの経験などを聞くことができたのも、長続きできる要因だと思います。フリースクールに通いながらなので、安心して続けられると思っています。

アルバイトのほかに熱中していることは、ストリートでの弾き語りです。昼間は近所にある公園近くの池のそばで弾いているのだけれど、釣りをしている人やおじいちゃんおばあちゃんが休憩しに来ていて、時々話しかけてくれます。男子高校生たちが聞いてくれて曲が終ったあとに拍手をしてくれたことがあって、とてもうれしかったです。たまたま同級生が聞いてくれた時には、いろいろリクエストをしてくれて夜遅くまで弾いていたこともありました。今の望みはアルバイトで貯めたお金でキーボードを買ってストリートで弾くことです。

もうひとつ、音楽の発表の場として、自分が作った曲をウェブラジオにアップしてみんなに公開しています。フリースクールの親御さんが聴いていてほめてくださったりするとやる気がわいてきます。

そして今、私は高校認定試験に向けてがんばっています。私には音楽の道に進みたいという小さい頃からの夢があります。それはできればシンガーソングライターになりたいということです。その夢を叶えるために音楽専門学校に行きたいと思っています。今年の一一月半ばにある試験をスタートに、高校卒業資格に必要な単位をなるべく早く取得しなければなりません。この原稿を書いて決意を新たにしています。

創りつづける場所

東京シューレ（東京都）
工藤健仁

1993年生まれ。小5で不登校になり、小6の秋から東京シューレに通い始める。来年、東京シューレでアラスカに行く企画を立て、現在アラスカへ向けてまっしぐら!!

「いいかげんにしろよ」

私が通う東京シューレ王子スペースは、王子駅から歩いて五分の五階建ての半円形のビル。中に入ると「シューレの独特な匂い」がして、みんなが集まっている時は階段にまで声が響く。シューレではどんなに時間が遅くてもなぜかあいさつは「おはよう」。改めて考えるとやっぱり不思議議だけど、起きたらシューレに行くという感覚で、その「おはよう」がシューレらしいところだ。そんなシューレに通い始めて四年目になった。

小学校五年生の時に学校に行かなくなった。私立の学校に通い、週四日は進学塾に通っていた。学校だけでなく塾、親やまわりの人、いろんなことが重なり学校に行かなくなったんだと思う。

二月に学校に行かなくなるきっかけがあって、学校の変なところに気づくことも多くなり、先生に反発していた。すごく理不尽に怒られたことに腹が立って、先生に手を出してしまったのだが、気づいたら先生に背中から投げられ、壁にドンドン押しつけられていて、頭の中は真っ白になっていた。その先生はなんだかいろいろ言っていたけれど、最後に「いいかげんにしろよ」と言って去って行ったことは覚えている。ほかの先生が止めに入ってくれたことで収まり、身体の力がフーッと抜け、まわりを見るとたくさんの人に見られていて、そんなみんなを誘導する先生もいた。呼吸は荒くなっていて、聞かれてもしばらく話せなかった。呼吸が落ち着いてきて、ふらーっと教室に戻っていった。

親には言わずに二、三日はなにごともなかったように過ごしていた。だが、その週の土曜日、自主登校日だった学校を、親に必死の抵抗をして初めての欠席をした。「とりあえず一日は」が次の日も次の日もとなり、行くきっかけや言い訳を考えたりしていた。夜にフラッシュバックをすることも多かったし、自分が学校に行かなくなっていることに驚いていた。親は学校で起きたことを知り、行かないことへの理解は早かった。

学校に行かなくなったとたん、生活のリズムは崩れていき、食事もあまりとらず、感情の波も激しくてフラッシュバックも続く。そんななか、親がシューレOBの親の方と面識があり、その方はいろんな選択肢を教えてくれた。また不登校を理解している人に早く出会えたことも大きかった。その時、シューレを知った。

しばらくは塾に通い続けていたが、きつくなっていき辞めた。塾に行かなければ親に認めてもらえないような気がしていた。塾を辞めたとたん、「学校を休む」という感覚から「不登校をしているんだ」という感覚になり、漠然としたこの先の不安がのしかかってきた。

「みんな学校に行ってないんだ」

それからは家で過ごしていて、だんだん外に出ることが面倒になり怖くなった。さらに家で過ごすことに罪悪感を持ってしまい、家でさえ落ち着いて過ごせる居場所ではなくなっていった。孤立しているような気分で自分を責めて否定するようなことばっかり考えるようになっていた。そんななかでも、やりたいこと、好きなことを片っぱしからやっていった。その時はいろんな思いから解放されすごく楽しくて、なにか夢中になってできることが欲しかったんだと思う。

だんだんシューレが気になり始め、親にまず説明会に行ってもらった。いつもイライラしていた親なのに、機嫌が良くなって帰ってきたことに僕は驚いて、もらってきた資料を読んだ。読んだ資料の中では、子どもたち自身がつくり、自由に投稿したりした文章が載せてある「東京シューレ通信」が特におもしろかった。

シューレに初めて見学に行ったのが、夏休み前だったと思う。シューレに行くために外に出るのもいやで、何回も予定をすっぽかしていた。いざ、行ってみると初等部の子がたくさんいて、狭い室内を走り回り飛び跳ねていて騒がしかった。「ここにいる子、みんな学校に行ってないんだ」と思ったことを覚えている。

九月に入り二回目の見学に行き、初めてひとりで行った。気合を入れて外に出て、すごく緊張していた。が、その時、シューレの人たちは人生ゲームをやっていて、初めて会ったのに、年もばらばらで離れていても親しく接してくれ、緊張は忘れて気づくと笑っていた。こんなに楽しい時間は久々だった。今まで行こうか行くまいか悩んでいたのはどこかに吹き飛んで、また明日も来ようって思っていた。その一日が今に続いている。

今までいろんなシューレの過ごし方をしてきた。友だちができて会ったり、遊んだりしていた時もあったし、勉強していた時もあった。やりたいことが見つかりみんなで実現に向けてガムシャラに突っ走る時もあるし、やりたいことが見つからない時もある。何となく人と話すときも、ただひとりでギターを弾きに行く時もある。とてつもない不安や思いを抱えてスタッフと話をしたり、いろんなことをみんなで議論したりする。最初のうちは学校に行ってないからシューレに行かなきゃと本気で思っていて、シューレに行くことを引け目に感じたりしていたこともあった。そういった経験のすべてが今につながっている気がしてきている。

Free Hand Wave

今はシューレにいるんだから、学校に通っていたら絶対にできないことをやりたい。シューレだからこそ、という思いでいろんな活動をしている。

今年の夏は、「全国子ども交流合宿」の実行委員長をさせてもらった。フリースクールに通ったり、家で過ごしている子どもが全国から集まり、毎年一泊二日の合宿をするイベントだ。今年は佐賀県で行われて一六〇人の子どもが集まった。実行委員会は子どもも大人も一緒になって話し合いながら、安心して楽しく過ごせる場所になるよう工夫したり、いろいろなプログラムを用意したりして創りあげていく。

気球を飛ばしたり、有明海の干潟で遊んだり、ほかにも参加しきれないほどプログラムがあった。私は、合宿のなかで初めて会った人とあいさつをするのは意外と勇気がいるから、もっと簡単な方法で心を通じさせる方法がないかなと思って、人と会ったら手を振る「Free Hand Wave」を企画した。手を振り返してくれる、ただそれだけのことですごくうれしい気持ちになる。

合宿が終わってみんなが乗って帰るバスに向かって、最後のFree Hand Waveをやった時のこと。「手を振って」「ありがとう」とダンボールに書いて手を振ったら、みんな身体を乗り出して手を振ってくれて、心の底から湧きあがるような感動があって泣きそうになっていた。きっと家に帰ったら日常に戻ってしまうだろうけど、合宿に参加している時は楽しんでもらえたらと思っていて、最後にみんなの明るい顔がつまったバスを見送ることができてうれしかった。

ほかの日常では、「Fonte（フォンテ）」（NPO法人全国不登校新聞社発行）の子ども編集部に参加している。Fonteとは不登校や教育問題を中心に取りあげる新聞で、子ども発信で作られているページがあり、子ども発で取材やコラムを書いたりしている。ほとんどが月一回の子ども編集会議から生まれてくる。会議では自由に思いついたことを話し、知りたいことを出し合う。マスコミだからこそ、いろんなところへ取材に行くことができ、取材先の幅の広さは底知れないほど広い。これまで、元国会議員の野中広務さんや穴掘り大会などを取材してきた。

穴掘り大会では実際に参加して穴を掘った。三〇分の制限時間のなかでどれだけ深く穴を掘るかを競う、ただそれだけの大会。この大会に五〇〇人以上も集まるのだ。楽しいの？　と思われるかもしれないが、穴をただ掘る楽しさは掘ってみないとわからないものがある。このような自由な発想から生まれた取材も多い。

インタビュー取材では、有名人やその道のパイオニアの人に会える機会が多い。インタビューはもちろんだが、会わなきゃわからないその人の人柄や空気に触れられることが楽しい。

今までの取材ではたくさん失敗をしてきた。真意が伝わらなかったり、携帯が鳴ってしまったり……そのほかにも自分が気づいていないだけで、相手に失礼なことをしているることもあるかもしれない。なにごとも実際にやってみないとわからないし、失敗してもそこから学んでいきたいと思っている。

また、最近は不登校や学校についての話題が編集会議で持ちあがることが多く、そのなかで深められたり新たに気づいたりすることも多い。不登校はそれぞれの境遇は全く違っても、どこか根本で似ているところがあって、不思議なことに初めて話しても共感することはよくあることだ。

ひたすら議論する充足感

シューレでの活動は毎週、毎日、違った過ごし方をしている。まず、シューレにはプログラムがあって、ミーティングやたくさんの講座、実行委員会、スポーツの時間、その日一日なにをやるかを自由に決められるいろいろタイムなどの時間があり、自分で選んで参加することができる。自分たちで新しいプログラムを提案して増やしたりすることもできる。

プログラムがあるといっても、一日のなかでプログラムに参加していない時間のほうが圧倒的に多くて、自由に過ごせる日常が中心となっている。その時間は、やりたいことをやって過ごしていて、人それぞれ毎日違っている。ちなみにこの原稿を書いている今日は、英会話の講座に出た後、あまっていたお米を使って五平餅をみんなで作って食べた後、何人かでたわいもない雑談をして、その後三、四人でスタッフを交え少しまじめな話をした。

あまりプログラムに縛られず、何もない時間が多いから、暇をもてあそぶ時もありながら、その時やりたいことをしていく。無意識のうちに自分たちで一日一日を創っているのかもしれない。

出ている数少ない講座のなかで楽しいのは、子どもの権利条約を考える講座だ。権利条約を一条ずつみんなで深めていったり、子どもの権利や子ども参加を子ども目線で考えたり、不登校から見る「子どもの権利条約」を読み考えたりしている。

講座が始まるきっかけは、いろいろタイムで「ユニセフハウス」へ見学に行く際に、前もって知る時間を持ち、行った後も権利条約をもっと自分たちなりに深めたいとみんなで話したことからだ。

講座はスタッフも子どもも関係なく思ったこと、考えたことを出し合って深めていく。自分たちのまわりで条約が守られているか考えたり、権利条約の難解な条文に頭を悩ませたりする。答えの出ないことをひたすらすっきりするまで議論する。時にモヤモヤしたまま一時間の講座が終わってしまい、次週に継続することになって、疲労感や脱力感の時もあるけれど、やってよかったという充足感もある。

スタッフから子どもへと一方的に教える教えられるではなく、スタッフと子どもが関係なく意見を出し合って考え、学んでいくというこの講座のスタイルが好きなんだと思う。不登校になってから、自分と向き合う時間が増えて、最近は物事を深く考えるようになって、少しずつ言葉にできるようになってきたと思う。

私は学校に行かなくなったと同時に、家が居場所だと感じられなくなってしまった。つらい記憶や苦しい思いが詰まっていて、気づくとひとりで考えごとをしていて、またつらくなるような時間の連続だった。家にいると歯車がかみ合わないようなそんな感覚があった。かといって、外出することにもなぜかびくびくしていて、普通なら学校に行っている時間に出歩いている自分に引け目を感じていた。意を決して初めてシューレに行き、「不登校だから」というモヤモヤしたいろんな思いが晴れて、とにかく楽しかった。学校に行っている、行っていないを気にせずに過ごすことができる居場所だった。もちろん今でも居場所というか生活の一部のような感覚で過ごしている。これからもシューレがより多くの人にとっての居場所であり、自分自身がやりたいことを形にして、いろんな経験から気づき学んでいきたい。毎日を自分たちの手で創っていきたいと思う。

わが家に近所の小学生の子がたまに遊びに来る。公園も遠いし、普段の遊びに遊び飽きているのかな。そんな日はウチが彼らの格好の遊び場、居場所になっている。もっと子どもが居場所と思える場所が増えればとつくづく思う。

やっと一人の僕になれた気がした

珊瑚舎スコーレ（沖縄県）
坂本 楽

1989年生まれ。中1で学校に行かなくなり、その後タイで9か月間過ごす。14歳で珊瑚舎に通いはじめる。現在はフリーター。

僕はタイに飛んでいた

勉強は嫌いで苦手だったけど、小学校や中学校は特に嫌いじゃなかった。でもあの環境にある競争社会みたいなものがいやだった。学校で勉強するということは競争させられることだった。だから勉強が嫌いだった。でもそういう競争があるなかで劣等生ながらも、それなりに学校を楽しめていたとは思う。その証拠に学校をやめたいと思うことはなかった。でもやっぱりそんなに執着もしていなかった。

中学のとき母親に「タイに行く?」と聞かれたとき、「行く」の一言でその数か月後、僕はタイに飛んでいた。

タイの北部チェンマイからさらに北にいった村、パイで九か月間を僕は超ハイテンションで過ごした。イギリス人、ギリシャ人、フランス人、韓国人、あの小さな村にはどのシーズンでも、タイ人以外に常に七か国くらいの人種が一〇〇人以上常にいた気がする。町を歩いているといろんな人に会った。顔中刺青をした人、一人で三人がけのベンチを占領してしまう巨大な女性、傭兵《ようへい》あがりのフランス人キックボクサー。自分はどこにいるのかわからない、それだけでテンションはあがった。

日本の生活からかけ離れた無茶苦茶な環境での九か月間は、ただ楽しかった。人にとっての九か月間を、僕は一秒で駆け抜けた。普通九か月もあればずいぶん大人になるはずの中学時代、一秒で通り過ぎてしまった僕は、小学生のままだった。

競争させられることへのあせりや不安、今まで自分を揺さぶっていたものがいきなり消えた。それどころか一日中遊び続けて終わる毎日、そのギャップはむしろ少し怖くすら感じられた。つまり学校は想像以上に僕にとってしんどい所だったのだ。

ところが当時そこまで自分を読めるような僕ではない。僕にとって僕という輪郭はかなりあやふやなものだった。そういう僕だからこそ学校を捨てきれず、タイでの生活に不安を感じてしまったのだ。

ただでさえ小学生みたいだった僕に、はっきりとした自分がいないのは当然といえば当然だ。親が見守ってくれているという安心感のなかで意見を言い、考えを持った。しかしその安心感は同時に枠であり、結局僕が言ってることは全部人のまねごと。本当は自分が自分として思えることはお腹がすいたとか、バイクに乗って楽しいとかその程度だったのだ。

八か月くらいたって「同年代の友人がいないから日本の学校に行きたい」と言い出したのに年齢は関係なかった。遊びながらどこかで感じていた見放されていく感覚。好きではないのに学校を捨てきれない理由は、「普通ではない」ということへの漠然とした不安。楽しんでいる半面、いろいろなことが不安に思えた。毎日が爆発的に楽しかった僕は、幸せの後に不幸が待っている気がして怖かったのだ。とにかく僕はあまりに子どもで臆病だった。六月、日本に戻った。鉄棒を楽しく登ってる子どもが下を見たら怖くなって、途中で降りてきてしまったようだった。

一人ひとりちがいながら、ひとつの場所をつくりあう

沖縄のフリースクール「珊瑚舎スコーレ」の入り口に僕と母が立っていた。セミが

うるさいほど鳴いていて、空はびっくりするほどの青、そして入り口の横には太陽に照らされた琉球銀行の看板。あー沖縄に来たなあ、と思いながらもやっぱり緊張した。

事務局に入るとイメージは違った。奥の窓から入る風が心地良くて、田舎の印刷会社の事務室にいるような気がした。ぼけーっと立っていると「そこに座ってください」といわれ、僕たちは学校の説明を聞いた。説明してくれる女性は事務局スタッフの「エントモ」、後ろでキーボードを打っているのがここの校長で「ホッシー」というらしい。まだ生徒に会っていない僕は少し緊張していて、説明がうまく耳に入らなかった。母との話が終わるとエントモは教室に連れて行ってくれた。まだ夏休みだったけれどたまたま美術の作業で生徒が集まっている。

教室に入ると生徒が一五人くらいいた。アジアっぽい格好をした人、ギャルっぽい人、ヤンキーチックな兄ちゃん、パソコンが得意そうな都会チックな女の子。あまりに想像と違うので一瞬かたまってしまった。こんなにもいろんなタイプの人間が一室に集まるのを見るのは初めてだった。でっかい女性や、顔中刺青だらけの男性が歩いている町を見る感覚とは、似ているようでまるで違う。彼らは見た目や国籍こそ違っていたけれど、だいたいがバックパッカーとかヒッピーとか呼ばれるタイプの人たちだった。でもココにいる人間は一人ひとりが根っこから違う気がした。簡単に言うとヒッピーと右翼とニートと政治家が、小さな部屋で一緒に授業をしているのをいきなり見せられた気分だった。その時僕は本当にここで生きていけるか、少し不安になった。

母はタイに戻り、僕は珊瑚舎に通っている子の家にホームステイすることになる。初めて親と離れてのホームステイは少しわくわくした。不安を感じた珊瑚舎は案外早く慣れてしまった。でもやはり僕の第一印象は当たっていた。一人ひとりの世界がはっきりとしていてみんな別々の考え方がある。ばらばらのことを考えてる人たちが喜んだり傷ついたりしながら、ひとつの場所を作ろうとしている。珊瑚舎はそういう所だった。珊瑚舎という「学校」に来たつもりの僕は、少しだまされた気分だった。公立の学校のイメージしかない僕にとって、学校は数学、国語、社会、そんな勉強を教えてもらう所というイメージ。といっても普通の学校がいやで珊瑚舎に入ったのだから、公立校とは違うのはもちろんわかっていた。制服がなくて「ピアスはだめ、茶髪はだめ」という無意味な規制がなく、勉強の実力で人の大きさを計らない。そういうところで僕の欠けている数学やらなんやらの知識を補充するのだと思っていた。ところが、入ってみるとそれは珊瑚舎の場を作ることに比べれば、本当にささいなことだった。

自分で自由に自分をつくれる自由

珊瑚舎にはサポートの時間というのがあって、午前中がいわゆる学校の勉強をする時間になっている。生徒が自分の時間割を自分で決める。それに沿って自分で好きな教科書を開き、わからない時にサポートのスタッフに教えてもらう。何の勉強をやろうと自由。どんな教科書を使っても自由。でも、自由というのはとてもむずかしいものだった。「自由のむずかしさ」これはサポートの時間だけではなく珊瑚舎に入って最初に僕が学んだことだと思う。「フリースクールに通うため親からフリーになる僕はスーパーフリーだ」とか、そういう気分だった。

自由なら政治家だろうがスーパーマンだろうが漫才師だろうが、すべて僕の自由だ。でも人は飽きる。政治家が飽きればミュージシャンになり、それが飽きたら右翼になり、それにも飽きれば左翼になり……。毎日それが変わったとしたら僕はいったい何なのだろう？　結局人は制約によって自分を保つしかないのだ。ここまでが僕でここから先は僕ではないとか、あそこには行くけれどそこには行かないとか、そういった制約がたくさん集まって僕ができている。最初に言った「親からフリーになる」というのは親が作った制約ではなく、自分でまた自分を再構築する、と宣言したのだ。今でも自立できない僕には到底無理だった。いくら自分を積み上げてもできるのは外壁ばかり、全然中身がない。それはともかく珊瑚舎の自由は他人がつくった自分ではなく、自分で自由に自分を作れる自由、という意味なのだろう。

授業の説明からずいぶん飛んでしまった。話を戻すとサポートの時間はむずかしかった。さっきのように自由のことをむずかしく考えなくてもむずかしい。理由はふたつある。まず固定した先生がいないということだ。曜日によってAサンが来たりB君が来たりする。Aサンの日は良くてもプレッシャーに弱い僕の頭は、B君を前にするとフリーズする。聞くか聞かないかは自由だ。自然とB君の日はなるべく聞かないようにする、でもそれが理由で進まない。次に自習形式というのがむずかしかった。自由に勉強をしてください、という時間だから、その日のやる気が一〇〇パーセントサポート時間に出てしまう。授業形式なら僕が疲れていても講師がしゃべってくれる。しかし自習形式の場合、講師も生徒も自分自身だ。自分のなかの講師と生徒が「疲れた」と一致してしまえばそこで終わってしまう。これが自由の具体的なむずかしさなのかもしれない。自分で決めたサポートの時間の制約を厳密に守らないと、なかなかうまくいかない。B君とうまい関係性を作っていかなければ先には進めない。このふたつが珊瑚舎の象徴的な部分であると僕は思う。

　午後になると授業が始まる。講師がいて生徒が教室に入って行くと、そこに新しい空間ができた。公立校ではコンクリートの教室が僕を覆っているだけだった。ここはコンクリートの中に授業の世界がある。文章の時間には文章の世界があって、アジア講座にはアジアの世界があった。珊瑚舎の授業は受けるものではなく作るものだ。生徒も講師も同じ高さにいて、互いに授業という空間を膨らますことで知識を得た。

　学校といっても公立の高校や、中学校のイメージとはずいぶん違う。どちらかといえば大学に近いのだろう。自分でなにかをしないと何も起きない。何かをすればしたぶんだけのことが起きる。タイにいた変な子どもというだけでにゃあにゃあ言われ、得意な太鼓を叩けばみんながほめてくれる、もうそんな環境ではなかった。環境のかたちに合わせて僕が変わるしかないのだ。本来とは違う自分を装う自分が、入学したばかりの僕だった。人は五〇代くらいまで、どこかで格好つけ続けているように見える。しかしそれとは違って格好つけても格好つかないし、大人ぶるのは下手だった。だからよけいむきになった。結局どんなに装ってもその装ってる自分こそが素の自分だとは思えなかったのだ。だって、ここはどんな自分であろうと自由なのだ。

生きていた感じがすごくする

「珊瑚舎の場づくりに僕も参加するぞ！」と意気込んで、まったく関係ない方向に突っ走って消えていく、実はバカっぽい中学生だった。しかしボーっとしている僕も、その時ばかりはなにかわからないものに必死だったのだ。視野があまりに狭かった。自分の視界に入らない場所でやっていることが、あまりに滅茶苦茶で格好悪い。無意味な必死さは直接的に自分や人に何かを与えたわけではなかった。でも生きていた感じがすごくする、それが良かった。

いつの間にか時間は過ぎてしまう、やめたいと思ったりしながらも高三。この最後の年に珊瑚舎に初めて参加できた気がする。少しだけ自分のなかから出られたような、外の空気をちょっと吸い込めた感じがした。同じ世界ではあったけれどこれまた自分から出て、見る世界は別ものだった。それでも前よりは落ち着いてそこに踏み込むことができる。やっとひとりの僕になれた気がした。

子ども館で過ごして

夢街道国際交流子ども館（京都府）
落花生（ペンネーム）

1992年生まれ。13歳から不登校になり、15歳から夢街道国際交流子ども館に通いながら、現在は公立の単位制高校にも通っている。

中学生だった私は、いろいろな出来事からそれまで何でもなかったことすべてに自信がなくなり、外に出ることも怖くなってしまいました。家にいても、このままではいけないと自分を責め続ける毎日で、本当につらかったです。こんな私が生きていくことに意味があるのかと、問い続ける毎日でした。そんな毎日が続き、そろそろ受験の準備をしなくてはいけなくなった頃、子ども館の存在を初めて知りました。

最初行く時はドキドキしていましたが、道に迷ってしまいそんなことも忘れ、幸ちゃんに迎えに来てもらった時は、ホッとしました。

子ども館に初めて入った時、まず明るいなぁと感じました。晴れていたからではなく、雰囲気や木でできた建物や子ども館のみんなの心が、現れていたのだと、今になって感じました。

代表の冶代さんが私に向かって話をしてくれましたが緊張していて、冶代さんは、「怖がっているのかな？」と思われたかもしれませんが、私の心のなかでは、三年前に亡くなったおばあちゃんと話をしているようで、本当はとてもうれしかったのです。

その後、子ども館にお世話になることになり、中学生の間、楽しい時間を過ごすことができました。勉強に関しては、授業を聞けなかったこともあり、わからないところだらけで困っていたのですが、スタッフの方やボランティアの先生方にていねいに教えてもらったおかげで、かなり遅れを取り戻すことができました。それと、畑の作業をしたり、友だちと遊んだりすることは私にとって今までの生活で、絶対体験できないことでした。特に畑作業は、想像と違って本当に楽しいものでした。

そんななかで自然に自信を取り戻していたのか、外出することになんの抵抗もなくなっていました。自分でもなぜだかわかりませんが、次の日に子ども館に行くのが楽しみでした。

子ども館で過ごしているなかで、私の価値観もすごく変わりました。今までは、やるべき時にきちんとできなかった時に、私は自分で自分を責めて、もうだめだとすべてが終わったような気持ちでいました。でも、スタッフと話をしたり、底抜けに明るい友だちのみんなと遊んだりすることによって、力を抜いて生きていってもいいんだということに気づきました。家でも笑顔が増えたと言われますが、自分でも自然に笑えるようになったと思います。

もし、この子ども館に来ることがなかったら、今頃私は、どうしていたのだろうとふと考える時があります。その時には、つくづく子ども館の一員で本当に良かったと思います。本当にみなさんに勇気づけてもらって、心から感謝しています。


今、高校生として生活していますが、本来の自分の姿で学校の友だちとも接することができています。今は勉強を少しがんばりたいので、子ども館に前のように通うことはしていませんが、これからもずっと、子ども館の一員であり続けられたらいいなと思います。

生きる勇気を与えてくれた子ども館のみなさんへ、本当にありがとうございます。子ども館のスタッフの方々のような優しい大人になれるよう、これからもがんばります。

〝不登校〟から広がった私の世界

東京シューレ葛飾中学校（東京都）
吉田もも

1993年生まれ。中1から不登校になり、その後、フリースクール東京シューレから生まれた東京シューレ葛飾中学校に通いだした。現在、同校の3年生。

助けてくれる子がいなかった

私は今、東京シューレ葛飾中学校の三年生です。二〇〇七年の四月に、第一期の二年生として入学しました。この学校の入学資格は、不登校体験をしていること。まずは私の不登校体験をお話しします。

私が不登校になったのは中学一年生の秋です。以前通っていた中学校は、地元の公立中学校でした。

私は、入学してすぐ吹奏楽部に入りました。しかし、しばらくすると同じパートの同級生からいやがらせを受けるようになりました。顧問に相談してもそれはいっこうに収まらず、私はどんどん疲れ、一〇月に仕方なく部活を辞めることにしました。それしか彼女から逃げる方法がなかったからです。しかし、やっと部活での問題を解決できたのに、教室でもうひとつ問題が起こっていました。

私には、入学以来〝仲良し三人組〟として一緒に過ごしている友だちがいました。しかし二学期が始まると、そのうちのひとりがもうひとりの子を独り占めしようとして、私を仲間はずれにし始めたのです。話しかけても無視をされ、まるで私がそこに存在していないかのように扱われました。その時は自分がゴミみたいに小さくなったような、惨《みじ》めな気分でした。まわりの友だちもそんな状況を見て見ぬふりで、助けてくれる子はひとりもいませんでした。

そんな状況が続き、とうとう私は両親に打ち明けました。打ち明けたと言っても、すぐ上手に言葉にできたわけではありません。それでも両親は、私の気持ちやつらさをよく理解してくれました。

しかし私は、苦しい気持ちを抱えながらも、学校へ通い続けました。ふとした拍子にまた〝仲良し三人組〟に戻れるのではないかという期待を抱いていたからです。でも彼女の無視は続き、私の心は耐えきれなくなりました。「もう限界だ！」と感じたその夜、ベッドの中で泣き叫びました。その時の私は自分が何をしたわけでもないのに、一方的に痛めつけられることで疲れきっていました。そんな私に母は「学校、休んでもいいいんだよ」と言ってくれたのです。その言葉で私はスッと楽になれました。

次の日、私は学校を休みました。その次の日も学校に行きませんでした。今までがまんしてきたものが、自分でも気づかないうちに心に積み重なってしまっていて、その疲れで動けなくなってしまったのです。初めは、学校に行かないということに不安がありました。ずる休みをしているみたいだと思ったし、みんなが勉強をしている時間に家にいてもいいのか？　と常に罪悪感を抱いていました。

「この中学校には戻らない」

毎日、家で過ごす時間のなかで、私の支えになったのは音楽や読書、そしてブログをつけることでした。音楽は、私の大好きなものなので、ピアノを弾いたりCDを聴いたり歌を歌ったりすることで、リラックスできました。読書も、私が大好きなことのひとつです。家で過ごすようになってから、本当にたくさんの本を読みました。小説や随筆、ファンタジーや推理小説、ノンフィクションも読みました。家の中にいるのに、本を読むことによって別の世界にいるような、自分の世界が広がっていくような感覚に夢中になっていました。

そして、ブログ。無料でブログを公開できるインターネットのサイトを利用して、ほぼ毎日、日記を綴っていました。そして今、私が家で過ごしていた時間を振り返って、この〝ブログを書いていた〟ということが、私にとって大きな心の支えになっていたなぁ、と強く感じます。私にとって〝書く〟ということが〝自分の思いを整理する〟のにとても役立ったし、投稿した記事に対して寄せられるコメントに励まされたからです。特にコメントに関しては、「自分は多くの人に支えられているんだなぁ」と感じることができ、〝前に進む力〟になりました。

学校に対しては、私が学校に戻れるような措置をとってもらえるよう、両親を通して話をしていました。この時の私は、無視をしてきた女の子に謝ってもらい、学校に戻ることを望んでいました。しかし、意を決して学校に相談しても、担任の教師は私の目すら見ず、一向に耳を傾けてくれませんでした。あげくの果てに、前に私が話したことについて「そんな話は聞いてない」と言われてしまったのです。その時に、私はもうこの中学へは戻らないと決めました。一一月の中旬のことでした。

その後、両親と話し合って、新しい学校探しをすることにしました。私は、ほかの人の意見を聞きながら、学習を深めていく勉強をしたいと思っていたので、〝学校〟という場所へ通いたいと思ったのです。区内の公立中学校を見てまわることから、はじめて私立中学校も見学しました。

学校探しの時のことを、当時の私は、ブログでこう書いていました。

〈ここ何週間かはずっと両親が一緒になって新しい学校探しをしてくれています。苦しい思いをしたことが、どうしても私のなかでゴロゴロしていて、なかなか「ここに通う」と決められずにいます。決められない自分にも正直なところ苦しんだりもして……。新しい学校を見つけるため、たくさんの学校を見学させてもらって、「ここの学校の校長先生は本当に信用できるのかな?」とか、「ここの学校は前の学校の雰囲気に似ていてイヤだな」とか。よ〜し、ここだ! と決断できるほどしっくりくる学校を見つけられません〉

そんな学校探しのなか、ある私立の中学校をインターネットで見つけたと母から聞き、学校説明会に行くことにしました。その中学校こそが、私が今通っている東京シューレ葛飾中学校なのです。その日の夜、ブログで私はこう書きました。

〈今日やっと「ここでやりたいんだ！！！」という学校を見つけることができました。校長先生が言っていた言葉を借りれば、「学校らしくない学校」なのです♪　四月開校の学校なのでみんなと一緒にスタートできるということと、そこの教育目標のようなものである、子どもの意見を尊重する・子どもが学校を作るという部分がすごく私の中に、輝きを持ってやってきたのです！〉

わたしの〝学習〟

そして入学試験を受け、合格通知をもらい、四月から東京シューレ葛飾中学校に中学二年生で編入したのです。

東京シューレ葛飾中学校では、「教室」と呼ぶ場所のことを、「ホーム」と呼びます。一年生も三年生もひとつの大きなかたまりになっています。国語・数学・英語・社会科の授業は学年ごとに受けるけれど、そのほかの時間ではほとんど「ホーム」のメンバーと一年間を過ごしていきます。「先生」のことは「スタッフ」と呼びます。机は、半円形や台形など変わったかたちで、座る場所は指定されていません。学校内には、「デコボコルーム」と「いろいろべや」という、ホームとも授業ルームとも別の〝居場所〟があって、ひとりになりたいときや相談があるとき、友だちとおしゃべりしたいときなどなど、様々な目的で使えます。そんな葛飾中学校で、私の新しい学校生活はスタートしたのです。

入学後まもなく、友だちもでき、授業も始まり、「学校」という場所に再び通えるようになったことがうれしくて、毎日張りきって通っていました。しかし、できたばかりの学校というのは落ち着かず、毎日いろいろなトラブルが起こり、私の理想とは少し違っていました。また、通学時間は片道一時間半。だんだん、体力的にもつらくなってきました。そして、六月の中旬から再び家で過ごすことにしました。

東京シューレ葛飾中学校は、家庭での学習や取り組みを肯定し、サポートしてくれます。家でドリルに取り組んだということはもちろん、読書をしたり展覧会で絵を鑑賞することなども〝学習〟ととらえて、認めてくれます。私は毎月「個人プロジェクト」カードという専用の紙に教科ごとの取り組みを書き込んで、学校に送っていました。毎月自分が取り組んだことを報告することで〝学習した〟として認められる、この学校独自のサポートです。

家庭で過ごすと決めてから私は、国・英・数・理・社の五教科は通信教育の教材で学習を進めていきました。それに加えて、国語の学習として本を読んだり自分で小説を書いてみたりしました。社会の学習としては、毎日気になった新聞の記事をスクラップすることもしました。音楽は私の好きな科目なので特に積極的に取り組み、ピアノを弾いたり作曲に挑戦してみたり、またコンサートに連れて行ってもらったりもしました。お菓子作りをしたら家庭科の学習、絵を描いたことは美術の学習です。公園でバトミントンをしたら、それは体育の学習になります！　初めのうちは、「こんなことを〝学習〟として認めてもらえるのだろうか？」と不安でした。でも、〝学習〟ということをよく考えてみたら、日常で行っている自分の行動一つひとつが〝学習〟として自分の一部になっているとわかりました。そう感じるようになってからは、「個人プロジェクト」の用紙に、自分の〝学習〟を書くのがとても楽しくなりました。

私は「家にいる＝学校に通わない」ことはいけないことだと思っていました。だから、前の中学校で学校に行かないことを選択するまでも時間がかかったし、葛飾中学校でも家で過ごす時間をもつことに抵抗がありました。

でも、今は家庭で過ごす時間を持って、「よかった」と心から思っています。

また個人プロジェクトで一番心に残っているのは、「貧困」の学習です。ある時、社会の授業で世界の貧困について学習をしていることを、スタッフが教えてくれました。それを聞いて、「ひとつのテーマで調べるのっておもしろそうだな」と思い〝ストリートチルドレン〟について調べることにしました。本を読んだり、夏休みに国際協力団体が主催したキャンプに参加したりして、学習をしていきました。知らないことだらけで、初めは戸惑うこともあったけれど、世界に目を向けることで自分の世界がどんどん広がっていくように感じて「もっと知りたい」と思いました。また、「もっと多くの人に私が学んだことを伝えたい」と思いました。そしてそんな思いが、文化祭で発表することで実現したのです！

一〇月二七日、文化祭当日。体育館のステージで、私はひとりで学習の内容をパソコンでまとめ、プロジェクターを使い、図や写真をスクリーンに映しながら発表しました。スタッフや友だち、保護者の方々やお客さんなど、本当に多くの人が私の発表に聞き入ってくださいました。そうやって発表できたのは〝学校〟という場があったからこそ！　家での学習を学校が肯定してくれる姿勢なくして実現できなかったことです。

旅立ち祭

この文化祭をきっかけに、私はちょっとずつ学校に通うようになりました。初めは週に二、三日通って、体力と自分の気持ちと相談しながら休むようにしていました。そうやって通ううちに、だんだん体力もついてきたことと、家庭で過ごしていた時間に溜めておいた「やりたい！　知りたい！」という気持ちから、三学期は毎日のように学校に通うようになりました。

そして、三年生の卒業が迫ってきました。そこで「卒業式実行委員会」が作られました。葛飾中学校では、文化祭や修学旅行など行事をする時には、必ず実行委員会が作られます。その行事に興味がある子どもたちが集まって、どういうことをやるかということから話しあい、作りあげていきます。私は卒業式実行委員会に参加することにしました。

まず話しあったのは、式の呼び方についてです。「〝卒業式〟だとふつうの学校とおんなじでなんかイヤだなぁ」というみんなの声から、実行委員会のみんなで意見を出しあい、〝旅立ち祭〟という呼び方にしました。そこから、実行委員会のメンバーは、呼び方だけでなくほかの学校とは全然違った「子どもたちが作る、子どもたちのための卒業式」にするために、話しあいを重ねていったのです。

たとえば、「卒業証書授与」というのが一般的な言い方ですが、「授け与えられる」のではなく「授け、受け取る」という考えから、「卒業証書授受」となりました。また、卒業証書を受け取るときに舞台へあがるのは抵抗があるという三年生の声から、体育館の平らなところで行うことにしました。また、証書を渡すときに「『以下、同文』というのはイヤだ」と私が言ったら、証書を渡す時に、校長先生である奥地さんから卒業生一人ひとりに、それぞれにふさわしいメッセージを言ってもらえることになりました。また、記念品もスタッフではなく、子どもが渡すことにしました。司会進行も私が引き受け、もうひとりの男の子と一緒に務めました。

また私の提案から、旅立ち祭に向け子どもたちで作詞作曲をして、オリジナルソングを作ることになりました。オリジナルソングづくりは、実は私がこの学校に入る前からやりたかったことのひとつでした。

まずは全校のみんなから、歌詞を募集しました。そして、私と友だちひとり、スタッフひとりでオリジナルソングづくりがスタートしました。「卒業」というテーマで寄せられた歌詞を、曲に合わせながら作りあげていきました。曲は、私が作曲したものをスタッフが編曲してくれたものです。そしてできあがったオリソンがこれです。

この花を胸に「ありがとう」
今はそうとしか言えないけれど
いつか言える日がくるよ
心から信じてる
あなたに出会えて本当よかった
あなたにこの歌　心を込めて
旅立つあなたのスタートライン

この出会いを支えにかえて
自分の道を行けば
明日も小さな光輝く
Oh ! Good bye thank you my friends.

この歌を式のあとに行われたパーティーの最後に歌い、三年生に贈りました。そうして、三月一四日、「子どもたちが作る、子どもたちのため」の〝旅立ち祭〟は終了しました。大人だけで全部決めて進行していってしまう卒業式とは違って、温かい式にできたのではないかな、と思います。

「子どもの意見を尊重する、子どもが学校を創る」

中学一年生の秋に学校へ行かないことを決めてから約二年。私は今、東京シューレ葛飾中学校に入れてよかった、と感じています。

家庭で過ごす時間のなかで、私は自分と向きあうことができました。そうしたことで、自分がやりたいこと・知りたいこと・イヤだと感じることは何か、気がつくことができました。もしも、前の中学校に通い続けていたら、忙しすぎて自分のそれらの気持ちに気づくことができなかったと思うのです。

それから、葛飾中学校での様々な活動を通して、学校を作ることはとてもたいへんで、エネルギーがいることだということがわかりました。そして、すごくおもしろいことでもあることも。そんな大変なこと・おもしろいことを、大人だけで独り占めせず、子どもも一緒にやらせてくれるのがこの学校。あらためて「子どもの意見を尊重する、子どもが学校を創る」という方針はすごいと思います☆

私は今、受験生です。都立の全日制の高校を目指しています。高校に入ったら、家で過ごした時間に見つけた自分の気持ちを大切にし、葛飾中学校での様々な経験を生かして、いろんなことに挑戦してみたいと思っています。前の中学校に行かなくなっていなかったら、今のこの気持ちはないから、私は〝不登校〟をしてよかったと思います。

OBとして、今何を感じているか

不登校が今の自分

フリースクール僕んち（東京都）
宮澤 響

1992年生まれ。小学3年生から不登校になり、フリースクール僕んちへ通い出す。現在は都内の高校に通う。

僕は今年から、単位制のある都立高校に通っている。ここに来るまでたくさんの出来事があった。つらいし、でも楽しい、なんだかとても忙しい七年間だった。

フウッと受け入れられている場所

僕は小学校三年生から中学校三年の終わり頃まで学校に行っていなかった。その当時、いじめがあったわけでもなく、学級崩壊があったわけでもないので、なぜ学校に行かないのかと聞かれるととても困った。でも率直に僕は学校が怖いと感じていた。その怖さは今考えると簡単なことだ。それは、言われたことしかできない場所でみんな同じことをして、テストではやる意味もわからない勉強をして点数をつけられる、そのあたりまえの学校の仕組みが自分にとってとても怖かったのだ。そして僕は学校に行かなくなった。

そんな僕に親は「行きたくないなら、行かなくてもいい」と受け入れてくれた。それでも自分の頭のなかでは、家から一歩でも足を踏み出せば、不登校の僕に「こんな時間に学校へ行かずになにしてるんだよ」と、よってたかって言われるような恐怖感を持っていた。その時たぶん学校に行っていない普通じゃない自分を自分のなかで認められなかったんだと思う。だから毎日毎日なにをすることもなくずっと家の中で過ごしていた。

そんな僕を見て、親はあるフリースクールを紹介してくれた。京王井の頭線の東松原駅にある「僕んち」という名前のフリースクールだ。

僕は親とともにそこに行ってみることにした。

「僕んち」に着くとそこは小汚いアパートで、自由に遊ぶ子どもと、ひげを生やしたおじさんが待っていた。僕は何だろうここは……と思いながらも、自分にとって「僕んち」という場所がどこかこころ強く、魅力的に感じた。これが第一印象だった。その後すぐ「僕んち」に通い始めた。

「僕んち」は誰かに言われてやらなくてはいけないことは、ひとつもない。毎日、外で絵を描いたり、ゲームをしたり、野球をしたりと自分たちが好きな時に好きなことができる場所だ。引きこもって、自分がこの世の中から排除されていると思い込んでいた僕が、この場所に来るとどこかフワっと受け入れられている気がした。

それから、僕はここに来ている仲間たちと夢中で好きなことをした。僕はここに来て好きなことがたくさんできた。

そのひとつは絵を描くことだった。僕が絵を描くことが好きになったのは「僕んち」のスタッフの高橋徹さん（僕はずっと「トール」と呼んでいた）が外にテーブルと麦茶と絵の道具を持ち出して、ひんぱんに絵を描くことがあったからだ。僕はそれに誘われて絵を描くようになった。自分自身、それまで絵はあまり描かないほうだったし、得意でもなかった。だけど公園の真ん中で自由にぐちゃぐちゃと筆を走らせるのは僕にとって、すごく気持ちのいいものであった。

もうひとつはなんといっても野球だ。毎日、羽根木公園の球技場でキャッチボールやノック、バッティングを何時間もあきずにやっていた。その時こころから野球が好きだった（もちろんいまも大好きだ）。そのかいあってか、今では高校で一年生ながら一番ショートだ。野球以外にも身体を動かすことが大好きになった。

それと定期的に行われていたルールやイベントを決めるミーティングというものがあったのを思い出す。ミーティングでは自分たち（子どもだけ）の意思の決定ですべてを決めるのだが、そのときを思い出すと「めんどくさかった」という印象が一番に出てくる。なぜなら、みんな一人ひとりが意見を強く主張し、そのため議論がぜんぜん進まないのだ。「僕んち」に何日か泊まって共同生活をする「僕んち合宿」では、ひとつのルールを決めるのに何時間も話し合った。本当にそれぞれが主張しあい、どうにもまとまらない場であったが、参加している全員が納得するまで話し合いは続いた。

ミーティングが「めんどくさかった」と書いたが、今の僕にとって、このミーティングでやってきたことは大きな力になったと思う。それは、めんどうくさいという裏には何でも言い合える、近い関係があったのだと感じるからだ。僕はそんな関係にたくさん戸惑ってきたし、苦しんできた。でもだからこそ、他人とぶつかれる自分がいることに気づけたのだと思う。そして、ここにくれば誰かと話せる、ふざけあえる、といった安心感が、いつの間にか僕の心を強くしていった。

そして僕にとってこの場所は「自分」という存在を認められる場所になっていた。今思うと、ここから「自分」という人間が始まったのではないかとさえ思う。そしてそれから四年間、毎日通い続けた。

新しい居場所

そんなすばらしい日々ではあったが、だんだん新しい世界を見たいと思うようになってきた。つまり「僕んち」をやめて、新しい居場所に行きたかったのだ。決して「僕んち」が嫌いになったわけではない。ただ、もっと成長したい、たくさんのものを見たい、なにかと出会いたい、そんな感情が自分のなかで急速に芽生え始めた。それが、ちょうど小学六年生の冬だった。

その時、ちょうど母親の友人から息子さんが通っているという、ＮＰＯ団体を紹介された。そこは「文化学習センター」という学習塾と「コスモ」というフリースペースが同じ建物の中にあった。母体となる団体は「ＮＰＯ文化学習協同ネットワーク」

というむずかしい名前のところだ。なんだか小さなアパートの「僕んち」にいた時のことを思うと、そこはとても巨大な場所に思えた。

とにかく僕は新しい場所に興味があったので、すぐに自分で電話をして一人で見学に行った。それから一週間、二週間と通ううちに「フリースペースコスモ」が好きになっていた。

建物の中に入ると「コスモ」の雰囲気は「僕んち」にとても似ていた。僕と同世代の子どもたちが自分たちの好きなことをしながら過ごしている。それにしたって全部が全部同じというわけではない。たとえば「コスモ」には企画の時間というものがある。これは午後の時間を利用して子どもたちだけでやりたいことを話し合って決めて、スポーツしたり、ものを作ったりすることをみんなでやるというものだ。もちろん自由参加だが、みんなで決めたことはみんなでやるというのが基本だった。

ほかにも、長野県の広い田んぼを借りて一年かけて自分たちの手作業での米作りや、高知県にある四万十川を中流から海まで八〇キロ歩く冒険旅行、ベトナムの文化や現状を身をもって体験するベトナムスタディーツアーなどがあった。僕は親に頼み込んでお金を出してもらい、それらほとんどの活動に参加した（泊りの活動は行きたい人だけが行くというものだ)。

今思うとこれらの活動を通して僕はいろんな意味で成長したと思う。たくさんの人や人の感情に出会い、多くのことを経験していくなかで数え切れないほど自分の頭のなかで悩んで、考えることができた。僕は「コスモ」に来て、人としゃべることが前にも増して好きになった。これも大きな成長のひとつだろう。

そして、僕にとって大切だった時間があった。それは、週に一回、学習塾の中学生と合同で行なう勉強会だ。学校でするような勉強をするのではなく、自分たちの興味があることを持ち寄ってテーマを決め、ビデオを見たりディベートをしたりする勉強会だった。

その勉強会のテーマで「学校」を取りあげたことがある。これは、学校に行っている学習塾の子と、不登校をしている僕たちが学校についてどう感じているのか話していったらおもしろいのではないかという提案から始まった。このテーマで塾の子から、ある意見が出て僕は困ったのを覚えている。

「学校に行きたくて行っているわけじゃない、行かなくていいなら俺だって行ってないよ」こんな率直な意見だった。その時は何も答えられなかった。不登校になった理由が明確じゃないから、くやしかった。そこでもやはり、不登校をしている自分を認めることができなかったのだろう。

でも、僕は「コスモ」の活動が自分を成長させてくれるものだと信じていた。だから、中途半端に正解が見つからず、ふわふわとしている自分の弱さが浮き彫りになった。

知らない世界を見るために

そんななか、なんとなくだが将来やりたいことが見えてきた。それは世界のいろいろな所で、たくさんのものを見ることのできる仕事がしたいという願望だ。きっかけは、中学二年生のときに参加したベトナムツアーが大きかった。

僕のなかでのベトナムは、戦争と貧困のイメージしかなかった。だが行ってみると街は汚いものの、そこに生きている人々はとても豊かだった。この時決めつけることほど怖いものはない、知らないことを知ることの楽しさを身をもって感じることができた。だから、僕は将来自分の知らないところへ行き、知らないものを見て、知らない人と出会いたいと思った。

そして、時がたつにつれて、僕の抽象的だった願望がしっかりした、なりたい職業になっていた。その職業とは、ジャーナリストだ。なりたいと思ったきっかけはニュースなどでジャーナリストが取材しているところを見て、だんだんそれが理想になっていったのだろう。ジャーナリストという職業が、今の自分の理想にはぴったりだと思ったのだ。

それから、僕は本気で勉強をしたいと思い始めた。それがちょうど中学三年生になったばかりだったと思う。その頃僕は、高校進学したいと強く思っていた。「コスモ」のスタッフに相談すると、世田谷区にある単位制のチャレンジスクールと呼ばれている、ある都立高校を紹介してくれた。

その高校の入学試験は六〇〇字程度の作文と、二〇分間の面接だということだった。今、勉強できるかどうかではなく、これから勉強したいという意思を持っているかで決まる試験だ。だから僕でも受けることのできる高校だった。

僕はその高校を目指すことにした。

そして、中学三年生の夏から受験勉強が始まった。それは、数学や国語、社会……といったものではなく、自分が小学三年生のときから不登校をしてきて、そのなかで成長したことや感じたことを文章にしてまとめる。それが僕にとっての受験勉強だった。

最初はとても内容の薄い文章しか書けなかったが、何回も書くにつれて、自分がどういうことで成長したのかが見えてきた。

その成長とは、たくさんの〝ひと〟や〝もの〟と出会うことで、そのたびに自分自身の頭で考え、それを自分の言葉に置き換え、発言し行動することの楽しさを知ったということだと思う。これは、僕が不登校時代に何回も繰り返したことで、それがめんどうくさいと感じることもあった。でも、この道に進んだからには、ものごとを自分の頭で考えるほかない。そして、誰かが「これをしろ」と言うわけでもない。

僕の考えを作るものは、誰かであり〝自分〟なのだ。たとえば、誰かがこう言ったからではなく、自分がこう思ったから行動をする、といった感じだ。これが僕の生きていくための最大の武器であり、これこそが自分を成長させていく道具なのだと、何度も文章を書くなかで感じた。

そして、入試当日、僕は作文と面接でこの思いを精一杯ぶつけた。すると倍率が二倍あった一次試験で受かることができた。その時は、すごくうれしかった。

決して学校に戻れたことがうれしいのではない。僕がうれしかったのは、小学三年生からこれまでの期間を通して、多くの〝出会い〟を経験し、そのなかで自分という人間が作られてきたことが、高校合格というかたちで認められたということだ。

僕は今、そしてこれからをいろいろな面で人と関わり続け、学び続けようと思う。


僕はまだ、あの勉強会で悩んだ自分のあり方への正解なんて見つかっていない。でも、今の僕に言えることは、学校に行っていなくとも、楽しいことはたくさんあるということ。それともうひとつは、僕は学校よりも「僕んち」や「コスモ」にいる方が断然、輝けたということだ。そのほうが、やりたいと思うことがどんどん湧いてくる。

学校に行きたくないなら、行かなければいい。勉強したくないなら、しなければいい。そして、いつか学校に行きたくなったら、行けばいい。勉強したくなったら、すればいい。とにかく自分が輝けるところにいるのが一番いいと心から思う。

僕はこれからだってそういうふうに生きていきたい。

いいですよね、こんな生き方だって。

世の中に対する見方が変わった

フリースクール クレイン・ハーバー（長崎県）
村上宏樹

1989年生まれ。15歳から不登校になり、その後クレインハーバーに通い始める。現在は、医療関係の専門学校に通う。

みなさん、はじめまして。僕は長崎に住んでいる一八歳の専門学校一年生です。中学校時代は「まりも」というあだ名がついていました。頭がまりもみたいに爆発してたからです。今は、少し落ち着いて「小さいまりも」になっています。「フリースクール体験手記集の原稿を書かないか？」という話がきたとき、高校時代不登校だった僕のいろいろな思いが、不登校の子どもたちやその親の方々にとって、少しでも参考になればと思い書いてみることにしました。

楽しい方が上をいくところ

僕が通っていたフリースクールは長崎の「クレイン・ハーバー」というところです。みんな「クレイン」と呼んでます。どんなところかというと、外によく出て行って野外活動が多いフリースクールです。一週間の流れは、月曜日と木曜日はクレイン内でゆっくり過ごしていることが多いのですが、火曜日は体育館やテニスコート、グループホームや無農薬アイガモ農法の稲作や、木工所のおじさんのところ等々、いろんな場所にお出かけしています。水曜日はクレインの畑に行って野菜を作り、金曜日は知りあいの窯元さんに行って陶芸活動（薪《まき》拾い、薪割りから作陶《とう》、窯焚きまで！）を行っています。

こんなふうに、クレインは楽しいところです。イヤなところはないこともないのですが、どっちかというと楽しい方がかなり上をいくと思います。通常は九時半から五時まで活動していますが、来る時間は外出がある日以外は自由です。新しく音楽バンドもできつつあるようです。ゆっくりの日は、トランプやゲームなどをしてみんなで楽しく遊んだり、おしゃべりしたりしてのんびり過ごしています。勉強もしたい子はしています。まぁ、マージャンで頭を活性化している人もいますが……。

クレインのまわりは静かなところです。でも、山の中とかにあるのではなく普通の街中ですがかなり静かです。となりにお好み焼き屋さんがあって、そこはお好み焼きよりも一二段巻きのソフトクリームが有名です。ちなみに値段は普通のソフトクリーム並みです。

クレインの中は普通の家なので、普通にゆっくりと過ごせる雰囲気です。というか、かなりくつろいじゃっています。

クレインを知ったのは、僕の弟の同級生のお姉さんがクレインのスタッフをしていて、フリースクールという場所があるということを教えてくれたことから通い始めました。最初はどんなところかもわからなかったのですが、行ってみたらなかなかおもしろいと思いました。僕自身が違う環境に溶け込みやすいという性格なので、簡単に溶け込めたというのもありますし、にぎやかな雰囲気も入りやすかったんだと思います。今は少し落ち着いてはいますが、入りやすい環境は変わっていないと思います。みなさん、この僕「まりも」はいるかどうかわかりませんが、長崎に来たときはクレインに寄ってみてください。

いい子であることの悩み

では、こんなに明るそうな性格の僕が、なぜ不登校になったのかについて話を始めます。

まず、小学校では多少のいじめにあっていました。このことは誰にも言わずに心のなかにしまっていたのですが、すぐ行動に出てしまって、ケンカばっかりの小学校生活を送っていました。いじめが原因で不登校になったとかそういうわけではないのですが、そのへんから、不登校になりそうな雰囲気を出していたのかもしれません。

小学校五年の時の担任の先生にいろいろな悩みを相談して、どうにか小五でケンカは減っていきました。僕には変なジンクスがあって、自分のクラスの担任をした先生は、必ず次の年にはほかの学校に転勤していました。

学校の悩みがある一方で、家ではもっと悩みがありました。自分のしたいことはさせてもらえたのですが、小学校入学前から塾に行かされていて、自分のやりたいという習いごと以外、家に帰ったらまず宿題をやり、塾の宿題が終わらないと遊びには行けませんでした。だからストレスが溜まって学校や外でしか発散できなかったのかもしれませんが、小学生で万引きや家出をしました。でも、家ではいい子にならないと自分のしたいことは何もできなかったと思います。

小学生で塾に行っている子はだいたい中学受験をすると思いますが、もちろん僕も例外なく中学受験をして私立中学校に行きました。中学校では二年生のときに少し不登校になりかけ、その時には学校の先生や友だちに助けてもらって復帰することができたのですが、一時かなり引きこもっていたと思います。中学校は少人数の学校だったということが僕のなかでは一番の救いでした。あと、そこでも先生に恵まれていたと思います。高校はなかなか頭のいい公立高校に入ることができたのですが、家から遠かったということもあって、少し高校へ行って勉強したけれど、そんなに役に立つとは思えなくなり、そこからは完全に不登校になりました。その後、クレインハーバーの存在を知り通い始めたわけです。

高校に行かなくなってまず親がとった行動は、お金で学校に行かせようとしたことです。朝からきちんと行ったら一日五〇〇円を渡すと言いましたが、行きたくない人に最初にとった行動がそういうことだったので、今となってはかなり腹が立ってきます。まったく、学校に行かせるということ以外に行動はしませんでした。しかし、フリースクールというものを知って、はじめにクレインに行かないかと持ちかけてきたのは母親でした。父親は完全に学校に行かせること、ただそれしか考えていなかったようでした。結局、クレインに通いながら高校は通信制高校に行き、今に至っています。

子どもと話してみませんか

僕は、不登校になって良かったと思います。不登校になる原因のひとつは家庭にあると思います。僕の場合は、親が自分の理想の子どもに作り上げようとした結果だと思います。そういう親はいませんか？　僕たち子どもは親の道具ではありません。そのようなことを今でも自分の親に言う時がありますが、これまではほとんど無視されてきました。やっと最近、少しはその意味もわかるようにはなっているのですが、まだまだだと思います。最近の家庭は子どもと親が向き合って話すということをしないから、こういうことが起こると思います。だから、もっと親と子どもとの会話というものが必要なのではないのかと思います。

ほかにも、親が過剰に子どもを守るというか、子どもを縛って何もできないようなことがありませんか？　子どものやりたいということには限度はありますが、最低限のことしかさせない親はいませんか？　そういうことも子どもにとってはストレスになります。子どもたちはあなたたち親よりも繊細な心を持っています。なにかスポーツをやっていて心は鍛えているから大丈夫とか思っていたりしませんか？　心を鍛えることは親にはわからないはずなのに、なぜそんなことがわかるのですか？

「俺が産んだ子どもだから子どもの気持ちはわかるんだよ」というのは完全に間違ったことです。実際は何もわかっていないから、子どもは反発し、不登校になったというパターンもあるのではないのでしょうか？　ほかにも、不登校になった子どもたちをほったらかしにして何もしていない、という親もいるような気がします。親が自分たちだけで親の会とかに出て、自分の子どもがどうなっているのかということを聞くのはいいと思いますが、その聞いたことを実践に移した親は何人いますか？　そりゃ、多少はいると思いますが、聞くだけになるということはありませんか？　実践に移してほしいです。そして、結局はすべて親と子どもの会話の少なさがほとんどの原因を作り出していると思います。不登校の子どもをもつ親のみなさん、不登校になりかけの子どもをもつ親のみなさん、今僕の想いを読んでくれた親のみなさん、今からでも遅くはないと思います。この本を読んだ後にも子どもと話をしてみませんか？　親のみなさんもまじめに聞いていろいろ解決策を考えてあげたら、少しは子どもも本音で話してくれるのではないのでしょうか？　少しずつでいいと思います。それが大きな一歩として踏み出すことができるのではないのでしょうか？　そうすれば少しは子どもの気持ちも理解できるようになると思います。

不登校の子どもたちに言いたいのは、不登校になったからといって何にも悩むことはないと思います。少しは誇りに思ってもいいということ。学校に行かないことの何が悪いのだろうか？　勉強をしなくてはいけないというのならば、学校に行っている人の勉強と、不登校の人の勉強はまったく違うが、どっちも勉強していることには違いはありません。なのになぜ不登校児は差別されるのでしょうか。

普通に学校に行く人よりも、フリースクールに通う人はもっと勉強することは多いかもしれないし、不登校児のほうがもっといろいろ考える時間があると思います。

その先の進学のことも、大学に行くことはいいと思うけれども、そのなかに将来のことを考えて大学に入った人は何人いますか。将来が見えていないのに、大学に入ってもしかたないと思います。将来のことはわからないというが、学校でただ勉強をして、大学に入ることを重視して考える時間がなくなるよりは、不登校児は将来のことを考える時間があるのではないかと思います。

これは僕が体感したことでもあるし、今の不登校の子どもたちに思ってほしいことです。みんなには時間があるんだということを伝えたいです。

僕はクレインに通って、今の世の中に対する見方が変わったと思います。例えば、人というものが信じられない時期もあったのですが、クレインで様々な人たちに出会い、そして、その人たちといろんなことを通して触れ合うことで信頼関係ができて、人を信じられるようになりました。

僕は自分の親がとても憎かったのですが、クレインに通わせてくれて、こういう体験をさせてくれた親に、今は本当に感謝しています。やっぱり最後は、親に頼ることも大切なのだと思っています。

〝自分のこと〟〈のむぎ〉で学んで

のむぎO・C・S（神奈川県）
戸澤正寿

1981年生まれ。小学校2年か3年生ごろから不登校になり、中学卒業後、のむぎO.C.Sに通う。のむぎスタッフ等を経て現在はフリー。

選択の余地がなくて考えられなかった

私は小学校の時、不登校をして「のむぎ」に入り、卒業して、のむぎのスタッフをしたあと、現在はフリーです。私は小学校の二年か三年頃から、学校に行かなくなりました。最初はだるい、学校がつまらない、勉強したくないなどと思い、行かなくなったんだと思います。限界だったかもしれない、誰に何を言われようが気にしないと思っていたのか、今振り返ってもそのあたりのことはまったく覚えていません。流れに任せていた感があったが、自分で行かないことを決断していました。

しかし、行かなくなったから解決というわけではなく、最初は毎日、親からなぜ行かないのか、学校に行けと言われていました。当然、行くわけもなく、部屋にこもりゲームをしたりマンガを読んだりしていました。その生活は自分が望んだことなのではなく、そうするしかなかったのです。

こうだから、こうで、こうしたいなんて考えられませんでした。だから、選択の余地がなくてきつかったのかもしれません。今は不登校という言葉をけっこう聞くけれど、この頃は学校にひとりいるかいないかだったので、まわりからは変わり者とか見られていたと思います。

学校に行かなくなって、家に先生が来て、無理やり連れて行かれたときはまいりました。みんなからは変な目で見られるし、自分の席さえもどこかわからなかった。かなりきつかった。何回かそんなことがあったけれど、結局その日だけのこと、結局何にも解決にならなかったわけです。

だけど親や先生は、かなり困っていたんだなということを、あとになって思いました。小学生の頃、母が自分のことで泣いているのを見た時は、かなりショックできつかった。自分が悪いのかと自分を責めて、部屋で泣いていたのを覚えています。

とにかくいろいろありました。学校に行かなくなり誰とも会わなくなっても、友だちと外に出て遊んでいる時もあったりした小学生時代でした。

最終的に残った「のむぎ」

中学に進み、なんとか最初の三か月ぐらいは学校に行っていました。なんでだろう、何かが変わる？　とか思っていたのかもしれません。でも結局、きつくて引きこもることになりました。中学はそれから一度も行っていません。約三年間ほぼ家にいて、その結果、人間不信になっていきました。人に会うのがいやだ、怖い、会いたくないとなってしまい、いつの間にか人前で話すことができなくなっていました。そんな中学時代でした。

中学の最後の頃、親から「卒業したらどうするんだ」と聞かれ、何を答えたのか覚えていないけれど、結局、親と先生で相談してふたつのことを提案されました。それは定時制の学校に行くか、フリースクールに行くかです。自分としては何もする気がなかったのでどちらでも良かったのだけれど。

最初に受けようとしたのは定時制の高校だったけれど、行きませんでした。というより、行けなかった。はっきり言って何も考えてなかったけれど、どこかにもう学校はいやだ、という気持ちだけは強かったのだと思います。そして最終的に残ったのが、フリースクール「のむぎ」でした。

最初は、フリースクールって何？　と思って、あんまり行きたくなかったけれど、その時の自分には選択の余地なし。もしここで行かなかったら、この状態からどう抜け出せばよいのかわからないと思い、行ってみました。

初めて行った時のことはよく覚えています。たしか夜の七時頃の、のむぎのホールに親と一緒に行きました。そして、のむぎの代表である「ひぐりん」「ゆうこ」と話しました。話したといっても、自分は話を聞いただけ。ビデオを見ながら、のむぎでやっていることの説明を聞き、学校とは違う感じがしたのでここに通うことにしました。行きたい意思だけは自分で言ったのを覚えています。

のむぎの入学式、かなり緊張していました。しゃべることが苦手だった自分には、自己紹介をすることがかなりきつかった。なんとかできたけれど、それ以外は一言も話しませんでした。でも、入学式に行くことができたこと、五〇人くらいの人前で自分のことが言えたこと、ただそれだけのことでも、その時の自分には自信がついたような気がします。

それから毎日、のむぎに行ったわけではなく、自分が何日か前からこの日は行こう、と思う日にしか行っていませんでした。最初から、のむぎと距離を取ろうとする気持ちだったのかもしれません。

三〇〇キロトリップ／平和を考える

五月のはじめ頃、家に電話がかかってきました。まだあまり話したことのない人でしたが「一緒に三〇〇キロを歩かないか」という誘いでした。緊張したと同時にうれしい気持ちでした。自分ははぶかれていないというか、「行くぞ」と強制させられたのでもなく、自分は誘われたのです。

そして「三〇〇キロトリップ」に行くことにしました。それまで行くつもりはなかったので、ザックも靴もなく、みんなより遅れて買い揃え準備をしました。そして横浜から長野までの三〇〇キロトリップ。自分としては特に歩く理由もわからず歩いていたけれど、なんて書いてよいのかわからないほど、いろいろありました。きついこと、楽しいこと、心のなかではもう歩きたくないとか帰りたいと思っていたこともありました。でも言葉に出さなかったし、その時の自分には言えませんでした。理由はわからないけれど、きつかったけれど、ここにいやすかった、楽しかった。そして良かった——。その時、途中で帰っていたら、自分は今ここにはいないと思います。三〇〇キロを歩いて、長野の山荘で共同生活も約一か月し、何人かの良い友だちもできました。それからは、のむぎにもひんぱんに行くようになりました。

その後は高等部で四年間過ごしました。この四年は中学の時とは逆の生活で、毎日のようにのむぎに行き、遊んでいました。太鼓をやったり、冬の山荘生活、ヒロシマ訪問、アメリカ留学体験、オキナワ訪問……、思い出や勉強になったこと、きつかったこと、一つひとつにいろいろあります。少しずつだけれど自分も人と話すようになったし、仲間と一緒にいろんなことをやったりして、すげー楽しかったです。今思うと、まわりや環境、そして運もあるけれど、最後は自分なんだと言えます。この時、自分はとにかくよく泣いていて、がんばっていたと思います。今まで自分自身が、がんばろう、やろうと思える環境がありませんでした。それができた場所がのむぎでした。だから人とも話せるようになったんじゃないかと思います。今の自分にとってはかなり大きな変化でした。

高等部を卒業したあとは、さらに「アカデミー」で四年過ごしました。アカデミーというのはのむぎの中にある自主大学です。高等部と違うところは、予定をアカデミーで決めて、活動するところです。大きな出来事では、太鼓を持って駅前で太鼓を叩き、アフガン難民の募金を訴えてお金を集めてユニセフに寄付する活動をゲリラ的にやって気合が入りました。気合を入れないと人が集まらないこともあったけれど、ユニセフに約五〇万円募金ができました。また労働学校に行き、働くとはなにかを考えたり、平和学習や日本国憲法の知識をつけたり、平和のバラ園を整備したり集会で太鼓を叩くなど、いろんな活動をしました。

基本のテーマは「平和」。ただ平和と言うのではなく、それは高等部の時に勉強した平和学習から始まっています。ヒロシマやオキナワに行き、実際に被害にあった人の生の話などを聞き、夜遅くまでみんなで感想を出しあいました。戦争とは必要なものなのかや、戦争をして犠牲になるのはいつでも国民で、特に子どもや女性、じゃあ今の日本、世界はどうなのかなど、いきなりここまではいかなくても、大事なところだと思います。そして、自分らしく生きること、平和ではないとみんな自分らしく生きられないと思っています。だからのむぎで平和学習をするのだと思います。そういう活動は、ほかのフリースクールとは違うところだし、必要なことだと思っています。

変革主体として生きる

四年間のアカデミーを卒業したあとは、のむぎのスタッフを約二年半経験したのですが、この時期のことは、まだまとめられません。そしてのむぎを離れ約一年、外で働きました。なかなか仕事が見つからず、自分も日雇いの派遣を少し経験しました。内容は機械でもできるような簡単な仕分け作業。日雇いなのでその日だけで、何のスキルもあがらず、ひたすら生活のためにやる仕事です。文句を言う人は切って新しい人を入れる、はっきり言って企業の言いなりです。そんな今の日本はおかしいと思います。政府は大企業の儲けのためにやって、こんな時代に国民は人間らしく健康で文化的な暮らしができるのか。無理ではないでしょうか。

今、人間らしく生きていくのにたいへんな世の中ですが、のむぎで学んできたことを土台に「人間らしく、自分らしく、平和な環境のなかで充実感を持って、変革主体として生きる」ことができるように、これからもがんばっていきたいと思っています。

「普通じゃないこと」をとことん身にしみて知る

フリースクール ジャパンフレネ（東京都）
坂 英樹

1989年生まれ。13歳から不登校になり、14歳でジャパンフレネに通いだした。現在、上智大学哲学科で、ジャパンフレネにて非常勤のボランティアをしている。

「普通じゃない」。この言葉が僕という人間を描写するのに最適な言葉です。今まで僕は「この子は普通じゃない」と思われ、そのなかで試行錯誤し生きてきたものと自覚しています。本記は「普通じゃないとはどういうことか」をテーマに、その普通じゃない人間が、公立の中学校、フリースクールジャパンフレネ、オーストラリアの教育とどう関わってきたのかについてふれたいと思います。

責任の意味

「まわりと合わないとは、不適応能力という立派な能力である」と主張する人が開いているスペースから「フレネ教育云々」と書いてあるパンフレットなど「学校教育ではない教育」に関する案内をパラパラ流し見ていたのは、今から四年前の二〇〇四年三月の頃です。

それをさらに一年さかのぼった七月、まだ一人称が「俺」の頃です。当時担任だった先生が「シャツをズボンにしまいなさい」と指をさしながら命令してきました。当時反抗期まっただなか、何を言われてもあまのじゃくだった俺は当然反抗し、そこらへんにあったクラスメイトのカバンを先生に投げつけます。女の先生だったために、代わりに男の先生が次から次へと来ます。ほかの生徒には下校、俺は取り押さえられる処置が取られました。中学二年生だった俺は、言われるがままに私服の刑事二人にはさまれて警察署へ……。幸い事情を聞かれるのみで、その夜は家に帰りました。

しかし、この後その学校へ通うことはもうなくなりました。義務教育であるはずの中学校が「次に坂君が来た時は、担任の先生が学校を辞める時だ、こんないい先生が辞めるのは学校としても困る」と言い、親を通じて学校に来るなと言ったのです。俺は状況がつかめないまま、とにかく自分が担任の教師人生に大きな傷をつけてしまったのだと聞きます。

当時は「責任」が何なのかを理解できていないのに、それを負わされた思いでした。そして、自宅謹慎という処置を受けることになりました。まわりの人間は、俺に近所を歩かせたくなかったのです。「『責任』の意味をわかっていない＝責任能力がない人間」に責任をとらせようとし、そうしたのが俺の通った学校でした。今考えるとそれほど「無責任」な話はないのですが……。

世界旅行の誘い

言われるがままに自宅謹慎を続け、四か月経った一一月、一人称は「僕」へ変わりました。週に一回ぐらいでしか家を出ることがなかったのですから、心身ともに疲れはてていても当然です。数少ない友人ともう会う気力もなく、学校に行かないので、「勉強をしなさい」とも言われなくなり、やることが完璧になくなってしまったと思いました。無論、なかったと言ってしまえば今もそうかもしれません。しかし、人生の意味などやはり当時の「俺」には与えられなかったのです。今まで「やること」を悶々と押しつけられて過ごしてきたのですから、これは情け容赦のない状況でした。やることがない、それがもしかしたら当時の「俺」が消えた原因かもしれません。従属し、反抗するための矛先（中学校）を失ったのです。父親には「もう生きる意味なんてないんだ……」とこぼし、一一月という季節も手伝ってか完璧にうつ状態になりました。時おり自殺も考えたほど、疲れきっていました。

その時、父が「世界旅行でも行ってみるか？」と唐突に聞いてきました。もちろん答えは「いいよ」。当時世界旅行と言えば、僕の頭の中には「豪華客船に乗って優雅に云々」のよくわからない「ぜいたく」を意味していて、そんなことには対して興味はわきませんでした。しかし、せいぜい数メートル四方の家の中か、想像もつかないほど広い海を行くかと聞かれれば、やはり行くことがすんなりとした答えでした。ピースボートという特殊な旅を企画している団体の世界一周旅行に一二月の二五日に乗ることになりました。日本帰着は二〇〇五年三月三一日。そう、そのまま学校へ通っていれば中学二年生を華々しく終え、三年生になる一日前までです。

どれだけ怠けられるかを重視していた

話をパンフレットへと戻します。パンフレットを最初に見たのは、まだ日本へ帰る前です。数々の国へ行き、小さい頭に大きな地図を広げながら（遥かブラジル、アルゼンチンへも）、気分も上々で旅をしながら、少しずつ近づく日本へ帰ってから何をするか。そのひとつの疑問を抱きながら、親から封筒で送り届けられた数枚のパンフレットを眺めながら、同封されていた手紙に書いてある通り「目ぼしい所」（ほとんど興味もなかったけれど）を探し、返信を書きました。これがジャパンフレネを最初に知った時でした。

帰国し、フレネともうひとつ見学した後、一緒に見学をした母に「フレネならいい」と適当な答えを出し、そのままフレネに行くことにしました。「フレネではやらないことも、やることも自分で決めるんだよ」とフレネ代表に言われたのが動機です。この選択で重視していたのは、どれだけ「怠けられるか」でした。地元の中学でさんざん「やること」を押しつけられていたのを思い出し、そんなのもうごめんだと思っていたのが、今でも思い出せます。もうひとつ決め手となったのは、フリースクールという当時の僕にとっては未開の地に、学校ではない所を選んだ子どもたちがほかにもいたことです。それは、限られた少人数の管理体制の元にある世界で同士を見つけた気分で、学校から離れた人間の抱える不安に、これほど支えになることは、ほかにはありません。

「数え年で丁度七つごとに、人生って大きく変化するらしいよ。ほら、七歳で小学校でしょ、一四歳で高校でしょ、二一で社会人になる準備だから」という話を誰かから聞いた記憶があります。確かにいろいろあった一四歳の時です。

フレネに入ってからというもの、とりあえず「勉強」をすることは親とも話していたので、当てつけに英語をやろうとしました。なぜなら、フレネを選んだ時に、特殊な授業以外、すべて個人の力に合わせて行うものだと聞いていて安心したからです。

最初の一学期は順調、中学一年生の頃に「be動詞」等々をやっていたので「なるほど、僕でもできるのか」と少し自信過剰になりました。しかし、小学生の頃から勉強が大嫌いで、それが習慣づいていなかったのか、やはり長続きせずに、とうとう夏休みが終わる九月の初めには夏休みの宿題もしないでいました。もうひとりいた一四歳のフレネの子からは大きく遅れをとり、やる気もなくしました。でも遊びならと思い、ひとつ下の子がハマっていたアーケードゲームをやってみても、もともとテレビゲームを親が買い与えてくれなかったために弱く、ゲーセンも楽しく感じられませんでした。当然のことながら、無力さ、無能さ、また、自分の無意味さを思い知りました。

そうだ、修業に行こう

そういった日々のなか「勉強はおろか、ゲームもできないじゃあないか」と、風呂で考えているうちに思いついたことがあります。「そうだ、修行に行こう」。どこかのテレビでお坊さんが山を駆け回っていたのを思い出し、親に相談を持ちかけます。「山で修行をしたい！」思い切りが必要だったにもかかわらず父の返事は単純「いいよ」。あれ？　と思いつつ母に相談すると、これまた「行けば」の一言でした。やりたいことを話すと「じゃあ四国遍路だな」ということになりました。

しかし、フレネに通うことを出席扱いとしてもらっていたので、フレネをやめて「学校」とちゃんと縁を切ったあとでないと四国に行けないと考えました。そこで、フリースクールをやめても行くという覚悟で、「行きたいんです」と代表の木幡さんに相談しました。人生を賭けると意気込んでいたのに、こうもあっさりと両親がゴーサインを出したために拍子抜けしていたので、裏を考えました。やはり親が思うに僕なんかが行けるわけもないと思っているのだと考え、木幡さんも拒否するだろうと思っていました。「それであきらめてくれるとでも期待しているのだろう？　甘くみるなよ」と思いながら、木幡さんに体当たりで相談したのです。すると「おう、行ってこい」の一言。ついでに、八八か所のお寺にサインを（スタンプラリーのように）してもらうための納経帳というものがあり、それに木幡さんの分のサインをもらってこいとちゃっかり言うのです。驚きでした。さらに「お寺巡り」が「出席扱い」になったことにも大いに喜びました。「やること」を自分で決めた人間に対する後押しはフリースクールならではでしょう。「もう大人なんか信じないで全部自分の判断でやるぞ」と決心しました。

話が一度決まってからはもうとことん簡単でした。親といろいろな資料を集め、地図も八八か所用の特別なルートが載ったものを入手。一〇月のとある日に、非情にもスムーズに親は僕を家から追い出してくれました。もうなにがなんだかよくわからないまま四国へ出ていきました。一番のお寺に着いて、お寺のまわり方を四苦八苦して学び、宿の予約もひとりでやったりと、まったく違う環境のなかでただひとり、がんばりました。
四国遍路の詳しい内容はこの手記では書ききれません。ただ、この旅の最中の心境の変化の現れとして、僕が本を読むことを覚えたことは記しておきます。そして一五歳になる誕生日に、一か月ちょいの旅が終わり、無事家に帰ってきました。きちんと計って歩いていたわけではないですが、やはり、順繰りに歩いていて二、三日前にたどり着いた四国遍路の行程が、一四歳との別れの日に終わったとなれば、どこかで聞いた「七年周期」の話もあながち信じたくなるものです。

「プチ哲」と「勉強」

帰ってきてからというもの、妙に哲学的な問題が好きになっていたのもあり、これまた木幡さんのすんなりとした「了解」もあり、フレネのほかの子と一緒にディスカッション形式で「プチ哲学」なるものを行いました。生徒でありながら「教える」とまでは言いませんが「考える作業」を先導してみるという行為をしたのは、フリースクールの活動ならではだと思います。そしてやがて、高校をどうするかという問題にも時間がなくなってきました。

日本にいながら、思春期に日本の義務教育から途中ではずれて育った自分です。相当悩みましたが、しかしあまり選択肢もなかったので、海外に行くことにしました。理由は、試験がなかったということ、何もかも見てきたふりして日本で過ごすより、より複雑な環境に身を置いた方が、いろいろと学べると考えたからです。ということで、オーストラリアへ行くことを決め、その準備として二〇〇四年の一二月から二〇〇五年の三月末まで、英語をマンツーマンで勉強しました。フレネに入った後「一年間で、中学三年分の内容を学ぶぞ」と言われた時はドキッとしましたが、海外に三年間身を置くという決心の後では、三か月で三年分やるのもどうしてか簡単でした。郷にいっては何とやらを、四国で学んでいたからかもしれません。

非情にも、英語以外は「期待されている学力」（義務教育全般の学力）を、当てつけでも持ち合わせていなかったために相当苦労しましたが、オーストラリアで初めて学んだ「勉強」なるものは、快楽に近いほど、楽しいものでした。少なくとも一年間と半年は「まじめちゃん」で通したほどです。友だちも作らず、学校が終わってから家に帰り、身体を鍛え、あとはその日わからなかった事がらを復習し、さらにはネットを使って様々な知識をつけました。この時の生活と、フレネでの生活を比べると、学力に対する本人の意欲は雲泥の差が認められますが、それはたいして重要ではありません。なぜなら、高校で「勉強がしたい」と思ったのは、それ以前の人生で「勉強なんか絶対しない」と思っていた期間があったからです。一年経ってから親が見学に来た時も、街の中をあまり案内できなかったほど、街に出ずに、遊ばずにいました。

やがて一年半後には、遊ぶようにもなり、友だちも作り始め、順風満帆の留学生活を満喫しました。夏休み（日本では冬の時期）をもらい一時帰国した時には、フレネに顔を出し、「プチ哲」をまた行ったりもしました。

フレネは成長するために僕に必要だった「通過期間」として表すことができます。日本に帰ってきた時にはブラリと「OBの人」として、フレネに遊びに行こうと思うのは自然でした。大学受験は帰国子女枠で受け、現在は上智大学の哲学科に通っています。

「普通じゃない」ことを、とことん身にしみて知ること。そのこと自体が意味することとは、あまり読者の方が思っているほど悪いことではありません。パズルの一ピースが足りなくても、欠けているピースのまわりを埋めればいいのです。ピースが足りないかどうかは、どこからでもいいから埋めていかなければわかりません。物事はそうしてわかっていくのだから、普通じゃないことから普通が何かを知る能力をつければいいのです。さしあたり、戦後の教育を兵隊育成と例えることができるのなら、兵隊ほど「ピースが足りない」人間はいません。兵隊に育つぐらいなら、カンガルーと戯れていた方が楽しいのです（留学先は都市部です）。

フリースクールで学んだこと、それは「なぜ生きているかは問題ではなく、今をどう生きるかが問題なのだ」ということです。よく見て、よく聞いて、よく考えて行動するのです。その場その場をちゃんと見つめて生きていれば、それでいいのです。

フリースクールは「先生」にタスクを与えられる場所ではなく、自分のタスクを自分で考える場所です。選択登校の意義は、一寸先の未来を自分で決めることを学ぶというところにあります。しっかりと自分のことを考えていれば、学校という体制ではなく、フリースクールという体制の方がしっかりした人間が育つと思うのは、私だけでしょうか。

私の居場所はどこにでも

ネモネット（千葉県）
武田輝理

1986年生まれ。小学校入学式の後から学校に行かず、家で過ごす。14歳で家族でログハウスを造り始め、16歳の時に「ネモネット」に関わり理事に。主に通信づくりなどを担当。

家がフリースペースみたいだった！

わが家は五人姉弟全員（長女・七生（二三歳）、次女・輝理（二二歳）、長男・懐（一八歳）、次男・創（一五歳）、三女・野花（一三歳））、学校に行っていません。私は小学校入学式後から、姉は小学校三日目から、下の弟妹たちは、そもそも保育園から行っていません。

みんなフリースクールにも塾にも、どこにも行かず家で育ったので、昼間も私たち子どもが家でワーワーと遊んでいて、まるで家がフリースペースや居場所のようなものでした。

うちの不登校の歴史は、姉から始まります。姉は小学校一日目から行くのをいやがったそうです。でも親は「行きなさい！」と言っていやがる姉を引きずって、学校に連れて行きました。家でも泣いている姉の姿をよく見た気がします。

母と姉と私と生まれたばかりの弟（長男）と、なぜか四人で授業を受けたこともありました。私はこの時四歳でしたが、あまりにもいやな記憶だったのでとてもよく覚えています。親と一緒に授業を受ける子なんてほかにはおらず、私たちは完全に異様な存在として教室中から見られていました。私は幼な心に「どうしてこんなことをしてまで学校に行かなきゃいけないんだろう？　どうして学校はちょっと違うものを許さない雰囲気があるんだろう？」と思いました。

そのうち親も、東京シューレや親の会に電話で相談し「六歳からの不登校でもいいじゃない」と言ってもらえたり、そんななかで親も自分自身を振り返って「そうだ、自分も学校がいやだった。でもどうしてこんなに学校にこだわっているんだろう？」といろいろ思い出したり考えたりして、だんだんと考えが変わっていったのだと思います。

そして三日目の朝、母は姉と手を繋いで校門まで送って行きました。母が「今日はひとりで大丈夫だよね？　行ってらっしゃい」と言うと、姉は「うん」と返事をするけれども、ぎゅっと繋いだ手を自分からは離さなかったそうです。母はその時本能で「今、この子と繋いでる手を離したら、いけない！」と思ったらしく、「学校に行かなくてもいいよ、おうちに帰ろう」と言って、そのまま姉を連れて家に帰りました。

その日から、うちは学校に行ってもいいし、行かなくてもいいよ、という家になりました。

その後、私は小学校の入学式後から行かなくなり、下の弟妹たちは入学式すら行かなくなり、昼間にワーワーとみんなで過ごす家が誕生しました。

家でどんなことをして過ごしていたのか

小さいころは、とにかくたくさん遊んでいました。姉弟とたくさんゲームをし、RPGなどはひとりずつしかできないので、一番乗りするために朝の五時起きをするなど熱心にやっていました。漫画も浴びるほどたくさん読みました。うちは勉強をまったくしなかったのですが、漫画を読んだり、ゲームをしたり、普通に生活していくなかで、気がつくとみんな字を覚えていました。

夏には海に行き、平日なので誰もいない貸切のような海で泳ぎ、カニや小魚を捕まえたり、ごはんを作ったりしていました。

キャンピングカー（宿泊ができる乗用車）もあるので、父の仕事が休みの時は、家族七人で、北は青森、南は高知まで旅行をしました。みんな学校に行ってないので、いつでもどこでも行くことができました。私は外に出てキャンプをし、知らないところに行くのが楽しかったのですが、ほかの姉弟はインドア派なので、「家がいい〜」とも言っていました（笑）。

また、ある日、父親がいきなり「土地」と「ログハウス建設キット」を買ってきて、わが家は家族の力のみでログハウス作りをすることになりました。材木をクレーンで持ち上げたり、木槌で打ち込んだり、トンカチやドライバーを使ったり、みんな何もかもが初めてで、またにぎやかに過ごしながら作りました。最初は野原だった土地が八年経った今は屋根も完成し、お風呂や台所も設置し、なんとか完成に近づいています。でも父は完成することよりも、家族みんなで何かを作る過程が良いのだと言っているので、まだまだ、終わるのには時間がかかるかもしれません。

家族と姉弟の関わり方

とにかくうちは五人もいるので、同じ家に育ってもみんなそれぞれ性格も違い、なんだかおもしろいです。家では、パソコンでネットをやり、漫画やゲームについて話しあい、絵を描き、散歩や図書館に行き、お菓子を食べ、ごろごろし、それぞれ好きなように過ごしていました。

姉弟のなかでも、姉とは本当によく遊んでいました。二人で「冒険ごっこ」と称して、分かれ道に出たら木の棒をパタンと倒し、木が示した方向にどんどん歩いていく、という遊びなどを小さい頃によくしていました。ちょっと年齢が大きくなると、夜中まで漫画やゲームについて熱く語り合うようになりました。二人で話して、時にはお絵描きもして、ネットサーフィンもして、また語って、わくわくして楽しくてしかたがありませんでした。そこから、しだいに人生の話もするようになり、悩みがある時は相談したり、お互いの話を聞いたりできるようになりました。そんな話ができるようになったのも、漫画やゲームで熱い思いを交わせたことがきっかけだったのかもしれません。

現在はほかの姉弟も大きくなり、ご飯を食べる時、こたつにいる時、パソコンやゲームをする時、いろいろなところでそれぞれみんなワイワイ話をしています。

そんなこんなで、私は毎日家族と一緒に遊び、思う存分話をして、時には姉弟ゲンカもして、過ごしていました。

私は小さい頃近所の子に「やーい、不登校！」とからかわれたことがありました。その時「やーい、登校児！」と言い返していたのですが、これは、私にとって学校に行っている子というのは〝家にいてもいいのにわざわざ大変な学校に通っている変わった子〟という印象があったので、そう切り返していたのでした。

今思うと、私が「やーい、不登校！」と言われても全然平気だったのは、家族が「学校に行かなくてもいいよ」と言ってくれていて、私の味方になってくれたからだと思います。自分が否定されそうな時、もし自分の味方が自分ひとりだったら、自分を守るものが何もなくて、心細くてしくしく泣いてしまっていたかもしれません。意識していないところで、家族は私を守ってくれていました。

人とのつながりが居場所になった

外の人とのつながりは、普段はあまりなかったのですが、時々同じような不登校の家族がうちを知り、直接に訪ねて来て遊ぶことがありました。ぼちぼち家族以外の不登校の子とも知りあいができていきました。

一四歳くらいの時、なんだか無性に人と話がしたくなって、「登校拒否を考える夏の全国合宿」に参加しました。親はシンポジウムなどを聞き、子どもはフリースペースなどで遊ぶという企画盛りだくさんの合宿です。そこで初めてたくさんの不登校の人々と出会うことができました。合宿をきっかけとして、全国のいろんな人とのつながりができるようになりました（母は「登校拒否を考える親の会」の世話人をしていたことがあったので、けっこう前から各地の人と知り合いだったようです）。

しかし実は、もっと以前に家族で参加したことがあったのですが、その時は行くことがいやで親にピッタリとくっついて誰とも遊ぶことはしませんでした。同じところでも、自分が行きたい！　と思って行った時と、行きたくないなあと思いながら行った時では、全然感じ方が違うんだなと思います。

夏合宿での出会いは、とても大きいものでした。世の中には不登校の人がけっこういて、それでもって、おもしろい人もたくさんいるんだ〜！　と思えたのはよかったです。

広い世の中「学校に行かないと生きていけないぞ！」と言う人が多いと思うのですが、そんな時「実際行ってなくても生きてる人たちがここにいるぞ！」と言えることはけっこうすごいことなのかも、と思います。

夏合宿は毎年、開催地が変わるのですが、私は参加するついでに、その地方の友だちのところに遊びに行き、何日間かお泊まりすることもありました。

長野で開催した時は、長野の親の会をしている方のところに一週間、泊り込みをして合宿のお手伝いをしたり、合宿終了後には、以前に夏合宿で知りあって、ずっと交流のあった岐阜のお友だちの家へ遊びに行き、一週間過ごしたりしました。

岐阜では、初めて会った不登校の娘さんと、最初はそんなに話をしなかったけれど、だんだん一緒に遊んだりしていくうちに自然と話をして仲良くなり、私が千葉に帰る時には、娘さんも一緒にうちに遊びに来ることになり、二人で千葉に帰りました。その時は、わが家には京都の友だちが遊びに来ていて、千葉・岐阜・京都が一斉集合でみんなでワイワイとお話することになりました。遠い県の人ともつながれるというのは、不登校の醍醐味だなあと思いました。

こういう、人と人との小さなつながりの連なりが、それもまたひとつの居場所のようなものだったのかもしれません。

不登校・ひきこもりのNPOに関わる今

そして、千葉でも不登校の出会いがありました。私が一六歳の時、千葉県内で不登校のネットワークがあったらいいよねという話が持ちあがり、「NPO法人ネモちば不登校・ひきこもりネットワーク（略称・ネモネット）」が作られたのです。これは、不登校を体験した若者やその親が主催しているNPOです。今、私は姉と一緒に理事を務めていて、通信やホームページ制作などを中心とした仕事を担当しています。

ネモネットの活動内容はいろいろですが、主なものとしては、「親サロン」という親の相談会を開き、不登校体験者の子を持つ親たちが直接相談にのったり、電話相談（毎週火曜一〜三時）を受け付けています。私の親もそうでしたが、子どもが行かなくなるとみんなあわてます。そんな時に、心の苦しさや悩みを出せるところがあると、気持ちがずいぶん違うと思います。今はスタッフをしている親たちも、だいたいみんな昔は子どもを引っぱって学校に連れて行ったりした経験を持っています。子どもにイライラをぶつけそうになったら、親の会や親サロンで不安や不満を出してほしいと思っています。子どもにも親にも、自分の気持ちが話せる居場所が大事だと思います。親サロンは、ありのままの気持ちを話すことができる場だと思います。

子ども・若者の居場所「ニョッキ!」も開いています。ゲーム(wiiもプレステ3もある)してもいいし、漫画を読んでも麻雀をしてもいいし、のんびりしていてもいい。みんな好きに過ごしている場です。お昼ご飯に、たこ焼きを作って食べたりもしています。最近は野球が盛り上がっていて、この間はほかのフリースクールと交流試合をしました。

ほかにも、子ども・若者企画では、夏に川のほとりで「サマーキャンプ」を開き、バーベーキューや肝だめし、花火やバームクーヘン作り、そしてたっぷり川遊びをしながら、のんびりと過ごしました。この冬には「スキー合宿」も予定しています。

さらに二〇歳以上の人の場としては、「ネモサロン」があります。〝体調不良のままで生きていく〟をキーワードに、それぞれの生きづらさや悩み、今思っていることなどを話しあっています。話したくない人は話さなくてもいいし、ゆったりとした時間を共有しています。

生きづらさを抱えている人は、もはや不登校・ひきこもりに関係なく本当にとても多くいることを感じています。あらゆる人が生きづらい世の中だと思っています。

また年に一回開催するイベントもあります。若者のお祭り「ユースフェスタ」や、じっくり話しあえる場「全県合宿」などです。合宿では、講演会、親の交流会、お楽しみの懇親会などもあり、夜通し話すこともできます。子どもはフリースペースや外で遊んだり話したり、親も子もそれぞれ好きに過ごしています。

私が主に担当しているのは「ネモ通信」。NPOの会員などに配る会報です。表紙は会員が描いたイラストで、内容は親の手記から不登校・ひきこもり体験者のコラム、ネモの活動報告などが載っていますが、それ以外にも実は私が書いた中国旅行記なども掲載しています。通信の発送作業もまたひとつの交流の場所になっていて、会員さんたちとおしゃべりをしながら作業をしています。

これからのネモの活動としては、週五日開くフリースペースを作りたいという声や、外部といっしょの新しい企画など、いろいろなたくらみを考えているところです。

私は千葉のとっぱずれに住んでいるので、日帰りでイベントに参加するのはとても大変です。そこで活動場所に近いネモネット理事のお宅に泊まりこみ、参加させてもらっています。泊まったお宅の家族と一緒に、夜中まで不登校や世の中のこと、世間話など、いろいろな話をしていると、模索しながらもこれからの私のやりたいことが見えてくるように思います。

ネモで不登校について熱い思いを抱いている同世代の人や、親の人に出会えたことは、幸運だったなあと思います。「学校に行かないで生きる人たちとつながって一緒にやっていこう」と居場所を作り、いろいろチャレンジするのは、とてもうれしいことでした。でも、やっぱり自分たちでやるというのは大変で、泣いたり笑ったり、一口では言えないくらい、いろいろなことがありました。私も広報でどのように動けばいいのか悩んだこともありました。ところが、気がつくと大変だった通信作りが、感想をもらえたり作ったりしていくうちにだんだんと作業が進められるようになり、それが自信になり、結果的に肯定感につながっていったように思います。発行する人、受け取る人、実は互いに支えあっていて、つながっているんですね。読んでるだけで支えてるしつながっている、そういうつながりがすごくうれしくて、おもしろいと感じるようになりました。

今こうして書いてみると、学校に行かなくなった後、家や人のつながりなど、そういういろんな出会いが私の居場所になったのだなあと思います。

以前は家が自然に居場所みたいになっていて、子どもとしてそのなかにいましたが、だんだん居場所にいる子どもから居場所を作る側に変わりつつあります。安心して、たくさん話ができて、思う存分遊べて、笑うことができる、そういう場所は何気ないことに見えても、実は心のどこかで生きるパワーの源になるのではないかと思います。

今、心細い思いをしている子も、誰かひとりでも、その子の味方になってくれれば、心があったかくなるのではないか……そうしたら、とっても幸せなことにつながるのではないかと私は思っています。

フリースクールのスタッフになって考える

自立への第一歩

地球の子どもの家（長野県）
池谷正基

1982年生まれ。9歳頃から15歳まで不登校。10歳で子どもの家に行き始めた。その後、高校に進学。01～02年、私立学校体育科教員。現在、地球の子どもの家のスタッフ。

あの場所がなければ、今の私は存在しない

一七年前、私はまだ九歳の少年だった。少年は、明日を恐れて眠れない夜を過ごしていた。またあの場所に行かなければならないと思うと、目を閉じて眠りにつくのが怖かったのだ。

あの頃はまだ、不登校という言葉が浸透しておらず、私のような子どもを一般的に「登校拒否児」と呼んでいた。当時の文部省が「不登校」という言葉の提唱・定義を

発表したのは、それから数年先のことであり、その頃から学校に行かない、あるいは行けない子どもたちが爆発的に増加し、私もまた、そのひとりであった。私の場合、不登校になった理由は極めて簡単。「学校になじめなかったから」ただ、それだけである。

現在、国内には一〇万人を超える不登校の子どもが存在し、彼らが不登校になった要素要因は多種多様、百人百通りと言っても過言ではないだろう。しかし理由は様々にあっても、その多くは私と同様に、結果として「学校になじめなかった」のではないかという共通点があるようにも感じられる。たとえば「いじめられた」「友だちがいなかった」「先生が嫌いだった」「集団行動が苦手だった」なども、結果として「学校になじめなかった」のではないか。

この国の子どもたちは、六歳になると小学校、一三歳で中学校へ行くのがあたりまえになっているが、これは大人たちが用意した一種の「流れ」に沿った動きであり、その流れからハミ出ない子どもが「問題のない普通の子」とされる。学校に行くことは、いわば「問題のない普通の子」でいることの最低必要条件なのである。

たしかに学校は、誰でも平等に教育が受けられる環境であり、必要不可欠な存在だ。しかしながら、次第に強まっていく子どもたちの個性を学校というひとつの形態で全て受容するのはむずかしい。子どもたちにはそれぞれ成長するペースがあり、開花する内容も、時期も違うからだ。

梅と向日葵《ひまわり》を同じ環境で育てることは困難。ましてや両方ともが同じペースで成長し、同じ時期に開花することなどあり得ないのである。

学校というひとつの環境で、すべての子どもたちが十分に成長できるとは限らない。だから、学校になじめない子どもがいるのは当たり前であり、それには何の罪もなく、むしろ自然なことのようにも感じられる。桜は春に咲き、雪は冬に降るもの。極めて単純な真理である。

子どもたちを無理やり環境に適応させる必要はなく、世間が作った「流れ」に沿わせる必要もない。学校で十分に育つ子がいるように、学校では十分に成長できない子どももいる。だからこそ子どもたちそれぞれが、それぞれに合った場所で、それぞれのペースで成長できるような環境を整えることこそが重要なのではないか。ひとつの場所に抑えつけるのではなく、新たな環境が力強く広がるべきなのである。

そういった意味で、フリースクールなど民間の教育現場の存在意義があるのではないだろうか。少なくとも学校という小さな箱から抜け出し、流れから離脱した私にとってはフリースクールが自分を成長させる最良の場所であった。絶対にあの時あの場所がなければ今の私は存在しない。

母と私の葛藤

眠れぬ夜を過ごしていたあの頃、親や世間一般が学校に行くのをあたりまえだと誤解し、いつの間にか学校という組織に依存している状況のなか、友だちもできず教師も信じられず、いつも何かに萎縮していた私は、学校にいるあいだ生きた心地がしなかったことをよく覚えている。文字通り死ぬような思いで通学する毎日が続いていた。

母は勉強が苦手な私に鬼のような顔で鉛筆を握らせた。そんな母は、私が本格的な不登校状態になると、いよいよ表情が恐ろしくなり、眉間のシワが何本も増えたような気がする。そして毎日、夜遅くになるとひどく悲しんだ。一方私は、そんな母の姿を見て、親を悲しませる自分、学校に行かない自分に罪悪感を抱いていたのだった。今考えると本当に小さなことでお互い頭を悩ませていたと思う。

そして母は苦しんだあげく、ある時腹をくくったように私にこう言った。

「もう、学校には行かなくてもいい」

どうか誤解されぬよう。母はヤケになったわけでも、子育てを放棄したのでもない。母は、本当に私のことを考え、親特有のエゴを捨て去ったのだ。そしてその言葉は、母自身と私の肩の荷を降ろさせ、互いの間に笑顔を戻らせるきっかけとなった。このレベルにまで達するのにはそれなりの労力と時間が必要になる。その間に子どもを追い詰めて、自らも苦悩の日々から抜け出せないものである（残念なことにその後も母の眉間のシワは残ったままだった。単純に年齢の問題だったのかもしれない）。

母は、私をあらゆる場所へ連れて行った。最初は学校関係者に遭遇するのが怖く、外出するのを極端に恐れていたが《学校に行かなくてもよい発言》以来、母と私の間に一種の信頼関係のようなものができあがっていたため、母となら外に出かけるのもおっくうに感じなくなってきた。

水族館、美術館、公園、そのどれも学校のように苦痛な環境ではなかったが、決して心から楽しめる場所でもなかった。ただひとつ、あのフリースクールを除いて……。

子どもたちの「自由」があった

私が「地球の子どもの家」に出会ったのは小学五年、一〇歳の頃。いよいよ母と出かけるのも飽きてきたその日、私は強い衝撃を受けたことを覚えている。

誰でも初めての場所に足を踏み入れるのは緊張するもの。それが「組織」であればなおいっそうのこと、溶け込むにも時間が必要である。そういったものはたいていい……「既にそこにいる者」と「これから足を踏み入れようとする者」との間にある小さな溝、またその場所を構成する人からにじみ出ている場の空気が、見えない壁を作り出していることに起因し、度合いは違っていても私たちがこの世界で生きていく限り多くの場所で体験するものである。しかし、その場所に緊張は無用だった。

フリースクールには幅広い年齢の男女が入り交じり、それぞれがたいへんに個性的で、まったく異なる性格の持ち主たちが誰からも強制されることもなく、来るものを拒まない暖かい空気を作り上げていた。

チャイムも教室もないなか、子どもたちはそれぞれ好きなことをしている。ゲームで遊んでいる子どもがいれば、サッカーボールを持って公園に出かける子どもがいる。受験勉強をしている子どももいる。それぞれが自分の行動を自分で決め、一日が過ぎていく。大人たちは誰も子どもたちの手を引かない。子どもたちが大人たちの手を引いて行動するのがあたりまえになっていたからである。

そこには、まさに子どもたちの「自由」があったのだ。

自分の足で歩き出す

私自身、短い期間ではあるが教員経験があり、学校教育の現場を生で見たことがある。その時感じたことだが、多くの教師は子どもたちを規則でしばる傾向にあって、無邪気な子どもをルールに従う生徒へと矯正していくことが、教師のひとつの役目として成り立っているようにも思える。

それではなぜ、規則でしばるのか？

答えは簡単。そうすることで子どもたちをコントロールしやすくなるからだろう。もっと言ってしまえば、大人は規則という道具がなければ、子どもたちと接することすら困難なのである。既成の校則、社会的ルールなどを刷り込む一方、なぜそれが必要なのか、なぜそうしなければいけないのかなど、理由を説明できない大人がいるのも事実。そうした縛りつける教育をしても、縄が解けてしまえばなんら意味はない。

本当に大切なのは、誰に縛られるでもなく、自ら考え自ら動き、自らを律すること。そこに強制や縛りはいらないのだ。大人はただ、子どもたちの可能性を信じてサポートすれば良いのではないだろうか。

私が出会ったフリースクールは、まさにその実践の場であった。そのためフリースクールの仲間はみんな、個性豊かで子どもらしい笑顔をしていたのと同時に、子どもとは思えないほど自立した考えをもっていた。そう、子どもは本来、自由な存在。強制的な力を加えないほうが活き活きとし、自分の足で立って歩こうとするのではないだろうか。

私もまた、学校という流れになじめず萎縮し、とうとう耐えきれず逃げ出したわけだが、そのおかげでフリースクールと出会い、自らの足で歩けるようになったことは本当に感謝するところである（流れとは本当に恐ろしいもので、それに乗っている間は自分で歩く必要がないため、すっかり足がなえてしまう）。

大人は学校という場をあたりまえに思い込んでいる。しかし注意を払うべきは、子どもが元気に育つのであれば、場所は問題ではないということだろう。

「あたりまえ」はいつの間にか「依存」に変わる。そして、まったく気づかないうちに囚われてしまう……。

そんな、学校に依存する今の日本社会に対して、フリースクールは子どもたちに流れからの離脱をさせ、個性の開放をうながす教育現場の一可能性としてたいへん有効なものではないだろうか。少なくとも一六年前、流れから離脱した私は、あの場所で自分を見つけ、この足で歩きだし、今に至るのだから。

流れから離脱し、自分を見つけ、個性を磨き、自分の足で歩きだす……。

私にとってのフリースクールとは、「自立への第一歩」だったのだと思う。

私の不登校とフリースクールの子どもたち

フリースクールＡＵＣ（山口県）
藤川波江

1980年生まれ。14歳から不登校、「ねこのつばさ」に通い始める。現在、ＮＰＯ法人フリースクールＡＵＣスタッフ。

ごっちゃなところこそフリースクール

わたしが山口市のフリースクールＡＵＣのスタッフになってから、四年が過ぎました。

ＡＵＣ……とは何の略語でしょう。Aunts、Uncles、Children（おばさんたち、おじさんたち、子どもたち）の頭文字で、ＡＵＣ。先生と生徒ではなく、子どもも大人も対等な人間同士としてつき合いましょう、という意味でつけられた名前だそうです。私が子どもに「子どもとおばさんとの間でお姉さんはないの？」と聞いたら、「ない。

二五過ぎたらみんな一緒」と言われました。因みに、わたしは当時二五歳でした。ひどい……（笑）

まず、簡単にわがフリースクールの紹介を。

一階は事務所兼勉強スペース兼居場所。二階は和室で、いかにもマンガを読みながらお昼寝でもしてしまいたい雰囲気をかもし出しています。本やゲーム、ぬいぐるみや教科書が並列な存在としてごっちゃになっている――。それでこそフリースクールだと、わたしは思っています。

壁にずらっとお弁当屋さんのレシートが並んでいるのは、わたしをパシリにしてお弁当を買いに行かせる子がいたので、記念にそのたびレシートを貼り付けていたらついに五〇枚達成したものです。ほかの子は「もうやめたら」と言ってくれていたんだけど、けっこう、子どものパシリにされてる自分が楽しかったんですよね、わたしは。

夏の二階はクーラーがなく暑いです。もはや熱帯植物でも育ちそうです。クーラーを二階につけられないのは、費用面の問題があったりすると思いますが、実は建物が古くて設置自体ができないからかも……。

それでも、暑い二階に登っていくのが子どもたち。自分たちでゆっくり過ごすスペースがほしいのかな？　スタッフは「暑さを耐え忍ぶことによって、根性を鍛えているんだよね！」などと冗談を言いながら、一階のクーラーで涼んでいます。

もっと不登校させてほしかった

わたしも、かつて「不登校の子どもの居場所」に通っていた、元不登校児です。その居場所の名前は、「ねこのつばさ」といいました。山口県精神保健福祉センターの「星のうさぎ」といえば、ご存知の方がおられるかもしれません。どちらも現存していない会なのですが。

「ねこのつばさ」は、「星のうさぎ」に通う子どもたちの年齢が高くなってきたので、新しい子が入りやすいようにとつくられました。利用スペースは同じ場所で、開く曜日は別で。

なにしろ公的機関なので、利用は無料。体育館や調理室なども自由に使えます。そして不登校を否定するのではなく、受け入れてくれる。当時はわからなかったのですが、なんて先進的な場所だったんでしょうか（現在のセンターは……職員の方がすっかり入れ替わったようなので、よくわかりませんが）。

わたしの不登校のはじまりは、中二から中三くらいからでした。小学校の高学年頃から、からかわれたりすることが多くなっていましたが、とくに中二の時、性的ないやがらせを含むいじめを受けたことで、精神的に疲れきってしまったのだと思います。みんなの前で下着まで脱がされて。一三歳の子どもだったわたしは、本当にもう死ぬしかないって思いました。でも、「死んでしまうことに比べたら、学校に行かないコトの方が絶対にマシに決まってる！」。

「行かない」ことに対して、間違ってないって気持ちが最初からありました。

人並み（？）に、「高学歴をめざす」ように教育されてはいたし、成績も良かったけど、もともと、それほど学歴に執着心を持っていませんでした。親が言うように学歴をつけなければ、育ててもらっていて悪いんじゃないのかという気持ちはありましたけども、自分が死んでしまうよりはいいでしょう？

だから、初めてセンターにカウンセリングに行った時、「不登校だって、社会に出て行く人はたくさんいる。悪いことじゃない」って、カウンセラーさんから言われた時、心のどこかで、「やっぱりね」って思いました。

その時ちょうど、新しい子どもの会ができるんだけど来てみない？　というお話をもらいました。かくして、わたしは、「ねこのつばさ」の立ち上げ当初のメンバーのひとりになったのです。

でも、当時はまだ、「ねこ」の名前はついていませんでした。ねこにつばさがあるかって、大人たちに首をかしげられる名前でしたが、わたしも命名者のひとりです。自由奔放な「ねこ」に、空をはばたける「つばさ」がついたなら、それが命名理由でした。「自分たちの生き方」を求めていた、わたしたちの希望、渇望にも似た思いだったのかもしれません。

残念ながら、わたしはねこではないし、つばさも持てませんでした。その後、抗《あらが》えない事情から無理に学校復帰させられて、結果、長い間うつや離人症状（現実感がなくなる）などを患うこととなりました。

わたしは、もっと不登校をさせてほしかったです。

十分に休まないまま、ただまわりが「将来が心配だから」という理由でがんばらされると、またエネルギーが枯渇して動けない状態に戻ってしまう。それを繰り返していると、自分がどうしたいのかもよくわからなくなって、心がバラバラになってしまったから。

学歴への執着が薄かったとはいえ、わたしにも、みんなと同じく学校の勉強をしなければ、ちゃんと成長して大人になれないのでは、という思いがありました。が、本を読んだり、自分の好きなことをしたりするなかでも、少しずつ学んでいくことはできるんだって気づいていきました。

「学校の勉強」のみを勉強だと思っていたから、そういった自主的な学びを勉強だとも思いませんでしたが、今思えば、学校に費やされたエネルギーを、自分が好きなことにもっともっと使いたかった。そのほうが、役に立ったし、心も回復できたし、自我の再構築なんかで、何年も苦しまなくてすんだと思うから。

もし学校の勉強が必要になれば、あとからいくらでもすればいい。一番大切なのは、命。そして、子どもが自分の意思で生きていくことですよね。「その人のため」にならなければ、教育とは言えないと思います。

勉強が無駄と言っているのではありません。ただ、子どもが心や身体を傷つけてまで、無理して学校に通わなければならない社会なら、社会の方を変えるべきです。それとも、あくまで学校にこだわり、そこに合わせるように子どもたちを変えたいのですか。

学校に行くことが楽しくて通っている子はいい。すべての子どもにとって、学校が悪いなんて思っていない。学校に通ってよかったと思ってる人たちもたくさんいますよね。でも、子どもにも、それぞれの気持ちや価値観、それぞれの事情や生き方があるのです。なぜ、みんな同じでなければならないと思うのですか。

その子にとっての学校が、自我の形成ができなくなる場所、自分の命を否定させる場所だとしても、それでも行かせたいですか。何のために？

みんな真摯《しんし》に生きている

私はフリースクールで、通ってくる子どもたちと接するようになり、普段はのんきに子どもとゲーム勝負したり、ぬいぐるみで遊んだり、という日々を送っています。そんな一見、ひまな時間のなかで、貴重な彼らの子ども時代といっしょにいさせてもらえることってすごいな、と感じています。

一方、自殺の仕方を相談されたことがありました。いじめや虐待など、つらい心の傷を話してもらったことがありました。真夜中まで電話やメールで話を聞いたことも一度や二度ではありません。

「外から見えている姿が、子どもの本当の姿ではない」。それはわかっていたつもりでしたが、実際に彼らと話してみて、自分のなかにも彼らを表面で見ていた部分があったことに気づき、反省することも何度となくありました。

みんな、真摯に生きています。

今悩みながらも、いろいろなことを考え、感じ、そして、なにかに気づいていく。子どもたちのその心の動きの一つひとつ、そのものが、たくましく、かけがえのないものではないでしょうか。

彼らもまた「勉強していない」ことを気にしてますが、彼らの存在の大切さに比べれば、「学校の勉強」なんかで自分を否定してしまうなんてもったいないなあ、と思っています。彼らはすでに多くの知識を持っているし、すでに学び続けているのだし……むしろ彼らに、教わる側にされてますから、わたしは(笑)。

わたしがAUCにいるのは、彼らの「不登校」とともにあることで、不登校できなかったかつての自分を癒したい、という思いがあるからかもしれません。

先日、ＡＵＣの子どものひとりが自分の体験談を話してくれました。彼のなかにも「学校に行っている時間は生きていないようなものだった」という思いがあって、前を向くしかないのはわかってるけど、どこかに「もっとはやくフリースクールにすれば良かった」という気持ちもある、と。

フリースクールは、「学校に行けない子を仕方なく行かせる」ような代替機関であってほしくないと思います。

自由に学び、育っていける場所として、子どもたちが主体的に選択でき、それを保障される社会になるといいね。

学校信仰にしばられて、子ども時代を生きていなかったのだと悔やまなければならないのは、わたしたちの世代で、もうじゅうぶんなのだから。

「永遠の不登校児」無限に増殖し続ける誇りをこめて

寺子屋方丈舎（福島県）
貝沼 悠

1988年生まれ。13歳から不登校になり、14歳から寺子屋方丈舎に通いはじめる。現在、寺子屋方丈舎の、子どもの「自活」を支援するボランティアスタッフ。

いざ、自分の不登校の体験談を語ろうとすると困惑する自分がいる。

誤解のないように書くが、別に不登校だからっていやがっているわけでも、不登校である過去を消したいわけでも、不登校であることに対して傷ついているわけでもない。その逆もあり、不登校だからと賛美しているわけでも、不登校ではない人を否定しているわけでもない。言いたいのは、自分は〝永遠の不登校児〟と誇れるほどの自分に対する最大の賛美であるということだ。そこまで行くのに、ありきたりだが苦労もしたし、自分が学校で負った心の傷の巨大さを何度も知りながらもここまで来た。

そのなかでの苦労はなんともないが、傷が痛むことに関しては全身が震えるほどいまだに整理ができていない自分がいるのも確かだ。そのなかで〝永遠の不登校児〟と、今現在の自分を見て構築できた考えを、誇りと思えることを伝えたいと思う。

いじめとは思っていなかった

貝沼悠、一三歳中学一年の二月。最初は本当にささいな風邪になったことからだ。

風邪になったことは別になんともなかった。だが、学校に復帰しようとすると詮索しようとする同級生の顔が浮かび、それがたまらなくいやになっていたのだ。そのたび、頭が痛くて行けないとまわりに嘘をついていると本当に頭が痛くなり、学校に復帰しようとしているのにできない自分がいた。その時に俺は、いつ学校に復帰できる自分になれるのか不安を抱えながら休む日々が続いていた。その期間中、学校の教師が本心かはわからないが、自宅に心配そうな表情を浮かべ訪れたことが何回かあり、同級生からの電話も何回かあった。俺にとってはそのどれもが、いやなものに映っていた。俺にとっては、その気遣いも嫌悪をもよおすものでしかなかった。

これは不登校になってからわかったことだが、俺はいじめられて不登校になったのだ。

今の自分が知る同級生の家庭環境を考えれば当たり前かもしれない。当時の貝沼悠は、同級生のいい八つ当たり対象であった。当時の俺は知らなかったが、相手のひとりは両親の不仲が原因で離婚問題を抱えており、ひとりは両親の夢の残骸を押しつけられ苦痛にまみれ、ひとりは家庭の貧しさが原因でみじめな思いをしてきた。そんな同級生のなかに俺はいた。

方丈舎との出会い

俺は、母親を一〇歳の時に亡くしたが、父も祖父母も二人の兄からも愛されて生きていると同級生の眼には映ったのだろう。たぶん、うらやましいあまりに俺がささいな失敗をすることで、八つ当たりするようになったのだろう。

俺は、同級生を殺したいほど憎くてたまらなかった。同級生の八つ当たりがいじめだと信じたくなかった俺は、そこまで追い詰められていたのだ。少なくとも、家にいる間は父や祖父母に心配をかけたくなくて、同級生に八つ当たりを受けていることを隠して暮らしていた。

それが風邪になったことがきっかけで不登校になった。それからの経緯は最初に語ったとおりだが、話には続きがある。さすがに三週間も風邪で休み続けることが異常だと思った父に「学校でいじめられてはいないか？」と言われた。実は、上の兄は不登校だった。その経験からの勘だったのだろう。言われた俺は、同級生が八つ当たりするのをいじめだと思っていなかったから、父が何を言っているのかと思った。その頃の俺は、いじめなんて極悪人のすることだと思っていたから、まわりにまさかそんな人はいるはずがないと信じていたのだ。

だが、父の話を聞いているうちに、あの八つ当たりがいじめだと急に理解してしまったのだ。それによって、それ以上に同級生に対して殺しただけでは飽き足らないほどの憎悪をいだいた。

担任が訪れたりしたが、俺は聞く耳を持てなかった。それでも、本気で自分の未来を心配していたために、無理をして校長室登校をし、出席日数を稼いでいた。だがある日、教頭が良かれとやったのか、同級生に無理に会わせられたのだ。それで俺は気づいてしまったのだ。「この連中に付き合っていても、自分の利益になるものは何もない」と感覚的に気づいてしまった。それは不登校に理解のある父の影響だったのか、子どもの権利に関することに異常なほど興味があったのが要因だったのだろう。

それ以後、また不登校になり、校長室へも週に二回程度しか行かなくなった。下の兄の進路問題が原因で親とも不仲になり状況は悪化。それが一〇月まで続いた。

その一〇月とは、現在非常勤のボランティアスタッフとして在籍している寺子屋方丈舎を知った月だ。今は何月に行われたのかは覚えていないが、知りあいの勧めで、「母親大会」というイベントに、自分ひとりでも不登校の権利を獲得しようとあがいていたので参加した。そのイベントで、貝沼悠のことが実行委員のひとりの眼に留まったらしい。あるブースに俺が行ったときに、ひと目見ただけでわかるほどダークなオーラに包まれていたとその人は言っていた。その頃の俺自身は、死にたいほど苦しかったから、そのようなオーラを放っていたことは、仕方がないのかもしれない。その人がその俺の姿を見て、名前も知らないのに気にかけてくれた。偶然、そのイベントの実行委員に俺の学校の事務員さんが参加していたので、そのつてで自宅に電話をかけてきた。その人との出会いで方丈舎を知り、方丈舎に通い始めた。

誇りという名の自信

不登校の権利獲得に躍起になっていた俺だが、当時はゲームなしでは自分を保てないほど精神的に衰弱していて、その活動をするためにゲームにかなり頼っていたと思う。だが、方丈舎が市内の会津若松駅近くに引越ししたのをきっかけに、ゲームだけでなく人と関わることをしようと思い、人と関わり始めた自分がいた。

きっかけは、花屋を方丈舎の子どもたちと手伝うことがきっかけだった。花屋を通じてゲームをするようになったり、話をする友だちが増えていったことは、大きな一歩だったと思う。

母や祖母が悪い子扱いし、学校からはじき出され、父から金銭面での八つ当たりをされていたためか、自分にまったく自信が持てなかった。それでも、不登校の権利を獲得すれば自信がつくと、死にたいほどつらく苦しい状況のなかで考えていたのだ。そのために、子どもの権利を訴えるイベントの実行委員になって、大人だけが講演していて子どもが講演していないのはおかしいと考え、「子どもによる講演会」を企画した。当日話す子どもたちを不登校二人、学校に通っている子ども二人、身体障害者がひとりと、様々な意見を聞けるものにして、シンポジウムを行った。

講演会を行ってよかったと思っているのは、人と積極的に関わって自分の企画したものが成功したという点に尽きるだろう。そのシンポジストの中にひとり、方丈舎の子がいたのは、自分が人付き合いをしてきたことが成功に導いたと思っている。

その後、オーストラリアで開催されるＩＤＥＣ（世界フリースクール大会）に参加するために、寄付金を集め、実際に行くことができた。とても自信がつき、とても充実した出来事だった。今では、資金集めや企画などで奔走した毎日をなつかしく思う。

祭りに参加したり、どこかへ行くにしても、交通費分のお金を貯めて行ったのも自信のひとつにつながっている。高校受験をしたことがない身でも、高校卒業認定試験を四年かけて合格したことや、方丈舎代表の江川さんやほかの人たちと語りあった日々も愛しいものとなっている。自分が不登校を経験し「人権」を考えることを通じて、自分のできることや自分の考えの幅が広がったこと、やがて自分を自分唯一の独自の考えにより、〝永遠の不登校児〟という、異名で言えるほどの誇りと自信につながっている。

現在

今の自分は、子どもの立場からスタッフの立場になり、別なかたちで不登校と関わる日々を送っている。夢ですらあきらめかけていた自分は、不登校で苦悩を抱えている子どもたちに少しでも笑っていてほしいと、前向きに考える自分へと変化することができた。今では、どんなささいなことでも笑みにつながることができるよう、奔走している毎日だ。

今の自分が好きであるからこそ、たとえつらいものであったとしても愛しい過去であったと自信を持って言える自分になることができたのは、方丈舎に行ってよかったと思える。

これからも、自分は不登校だと言い続けられる自分でいるだろう。そこに自分の誇りや自信があるのだから。

すべてはボクにつながっている

フリースクール りんごの木（埼玉県）
上月健太朗

1985年生まれ。小学校2年から不登校。りんごの木は18歳から通いはじめた。現在、心理学の勉強をするために大学に通いながら、りんごの木にてボランティアをしている。

私は、フリースクールりんごの木を二〇〇六年三月に卒業した。現在二三歳、大学で心理学の勉強をして三年になる。りんごの木にはボランティアの立場で子どもたちとともに過ごしている。

足が動かなかった朝

最初、不登校になったのは小学校二年の時。いざ文章に起こしてみると、かなり前なんだなと思ってしまう。不登校になった原因は「雷」だった。その日はたまたま授業が五時間目まであり、帰りの会が終わる直前ぐらいからゴロゴロと雷が鳴り始めた。小さい頃から雷や、花火のような大きな音が苦手な私は「早く家に帰ろう」と思い教室から昇降口へ移動して、靴を履こうとして自分の下駄箱をのぞき込んだら、たまたま靴が片方だけ隠されていた。探したけれども見つからない。仕方なく雷雨のなかを泣きながら友だちと一緒に帰ってきた。家に帰ってきてようやく安心できると思ってドアを開けようとしたら、鍵がかかっていて開かなかった。私には当時幼稚園の妹がいて、その日は遠足で幼稚園の遠足は親が同伴じゃないといけないということで、たまたま母親がいなかったのだ。そのことを忘れていて、しばらく外で泣いていると近所の人が気づいてくれ、その人の家で母親が帰ってくるまで雨宿りをさせてもらった。そして母親が帰ってきて何事もなくご飯を食べて寝た。

翌朝、いつも通りに準備してランドセルを背負って、靴を履き、ドアノブに手を伸ばしてドアを開けようとした。しかし、なぜか足が動かなくて、一歩も前に進まなくなった。後ろには足は動くけども前には動かなくて、しばらく奮闘していると今度は腹痛が襲ってきて学校へ行けなくなっていた。この日から私の不登校が始まった。しばらくは学校へ行けなかったが、母親と一緒に学校へ行って保健室登校などをやっていた。幸い担任になった先生はみな不登校に理解があったようで、執拗に学校に来いと言われなかったのも個人的にはうれしかった。小学校三年の時には今でもお世話になっているカウンセラーの先生にも出会った。そのおかげか徐々に学校へ行くようになり、夏休みのプールや、当時得意だった算数のそろばんの時だけ授業に参加したりなど、わりと学校へ行っていた。それでもたまに学校がいやになって、朝の自習時間の前に裏門から逃げ出したりしていたが、なんとか小学校は無事に卒業した。

居場所とのであい

場所が変われればきっと行けるハズ！　と期待をして中学に入学したものの、入学式から三日で行かなくなった。その後は市から紹介された適応指導教室へ通い始めた。市の適応指導教室はまだ開設されたばかりで、特にルールなどが決められていなかったためフリースクールのような自由さがあり、学校へ行けなかったのは自分だけではなかったんだと、初めて知った。友だちもでき、先生とも毎日楽しく通っていた。今でも先生や友だちとは連絡をし合っている。

しかし三年にあがってすぐに「学校へ戻ってみないか？」言われた。先生が言ったからというのと、まもなく迎える進路選択のためにも戻ってみようと決意して戻ってみたものの、一回教室に戻っただけで半年分の体力を使いはたしてしまった。一学期の最後、スクールカウンセラーに「三学期は戻ってくるから、二学期だけは適応指導教室に戻してくれ」と懇願して適応指導教室に戻り、三学期は約束どおり学校へ戻ったが、カウンセリングルームから出ることはなく、卒業式も校長室で学校へ来なかったほかの人とともに特別にやってもらった。

卒業後は高校に進学したのだが、「高校を何としても卒業しなければならない、今、学校復帰しなければオレは社会のなかで生きていけないクズになる」と、今考えるとなんともくだらない信念と、進学した高校のシステム（毎日小テストがあり、班を組んだ人全員が満点を取るまで帰れない）のプレッシャーから、二か月で身体的も精神的にもまいってしまい辞めてしまった。この時すでに「りんごの木」の話を聞いていたが、通いたいとは思わなかった。そして、翌年にはもう別の高校に入学した。しかし、前回のダメージが抜けきらなかったのと、「入学式の練習」に精神的にやられ、一度も通うことなく退学した。辞めた直後から自分が通っていた適応指導教室に似た雰囲気の場所はないかと探していた時に、再びりんごの木と出会い、何度か見学をした後に入会した。

生きる意味の変化の瞬間

私がりんごの木に関わって約六年が経つ。初めてりんごの木を知ったのは一六歳の頃。ひとつめの高校を辞めてしばらくしてからだった。その時はまだ「何としても高校を卒業したい！」と思っていたのと、当時はフリースペースだったので週に一回しか行けないのはいやだなと考えて行かなかったが、その翌年にフリースクールとして毎日開くことを知って見学に行った。その当時のりんごの木はあまり大きな場所ではなく、みんなが同じ場所でわいわいゲームや会話をしていた。その様子が通っていた適応指導教室の雰囲気に似ていて、とても落ち着いたことが決め手になって入会した。

りんごの木に入ってからいろいろなことがあり、様々な心のなかで変化があった。今でも「自分が生きる意味の変化の瞬間」を鮮烈に記憶している。

ある日ボランティアに来ていた人と帰りながらいろいろしゃべっていた時、「自分が生きている理由」の話になった。その当時の自分は「他人から必要とされれば生きる、必要とされなくなったら死ぬ時」と思っていた。そのことをボランティアさんに話したら「それはもったいない。自分の生き死にに他人は関係ないのではないか。他人のために生きずに自分のために生きてあげたほうがいいよ」と言われて、一気に自分のなかでの価値観が変わったことをよく覚えている。

ここでは普通に学校に通っていたらできないことをいろいろ体験させてもらった。群馬の山奥で大雨に降られながら無農薬野菜を作り、みんなで夜中に集まり野菜を加工して地元の祭りで出店し、利益を参加者全員で均等に分配したり、自分が中心になって河川敷を借りて関東一円のフリースクールに声をかけて、参加者合計八〇名を超えるフリースクール対抗の大野球大会を開いたりした。

そのなかでも貴重な体験だったのは、二〇〇五年フリースクール全国ネットワークの合宿で実行委員長になったこと。そして自分の体験談を人に話す機会があった事だ。全国から合宿に参加する人のために何ができるか、どうしたら楽しんでもらえるのかを、大人や子どもに関係なく真剣に話し合って、いろんな人の助けをもらいながら考え、総勢五〇〇人もの人が参加してくれたのがとてもうれしかった。

もうひとつはりんごの木のスタッフから「自分の不登校体験を人の前で話してみないか?」と言われ、地元の市民会館や保健所、はては東大で話をさせてもらったことだ。

講座が終わった後に、私の話を聞いていた人が「あなたの話を聞けて良かった。目からウロコが落ちたよ。ありがとう」と言ってもらえたときは思わず泣きそうになってしまったのもいい思い出になっている。

高校進学については、その時自分がやりたい職業である「カウンセラー」になるために何としても大学までは進みたいと思っていたが、二度も進学に失敗していることと、高額な入学金を二回も支払ったため、親に金銭的な負担をかけているのがわかっていたのでとても不安だった。両親に相談したところ「お前がやりたいようにやれ。金も俺が働いているうちは負担してやるから」と父親に言われ、決心して県立の通信制高校に入学し、無事に三年で卒業できた。この時に父親に言われた言葉は、今でも頭に残っている。感謝してもしきれないぐらいだ。その後は心理学の勉強をするために、以前、りんごの木にいたスタッフのもとで一年間勉強して大学に入学した。そして大学入学と同時に、りんごの木を卒業した。

ボランティア

りんごの木を卒業後は、しばらくは学校に慣れるためにりんごの木には行かず、お泊り会やカルチャーフェスティバルなど、大きなイベント事にだけ顔を出す程度だったが、大学二年の終わりに、りんごの木のボランティアとして週二回通うことを決めた。理由としては今までやりたいと思っていた「カウンセラー」になるための勉強をすればするほど「何か違う」という違和感のようなものを強く感じるようになったからだ。いったい私は何がやりたいのか？　という疑問を解決させるための方法のひとつとして、ボランティアをやってみようと思った。

ボランティアの活動といっても、子ども時代のカードゲームやテレビゲームをやって大勢でワイワイ過ごすこともあれば、のんびりとテーブルに座って紙に絵を描きながらのんびりおしゃべりをしたりと、日によって違う。

りんごの木の活動として代表的なものは、音楽バンドを組んでたまにライブをやっていること。バンドはかなり前から活動しており「フリースクールカルチャーフェスティバル」や全国合宿などで何度も曲を演奏している。参加しているみんなは普段からライブのために練習をしていて、目をキラキラさせて心の底から楽しみながらも、真剣に音楽に取り組んでいる。最近そのバンドに私がボーカルとして参加させてもらう機会があって一緒にライブに出演したのだが、とても緊張した。こんな緊張感のなかで、みんな普段どおり楽器を演奏してホントにすごいなと感心するばかりだった。

また、もうひとつの活動として映画撮影がある。毎回違う子どもが台本を書いてきて、それに合わせてキャスティングをしてみんなで撮影、監督本人が編集をして、年に数回、様々な場所で上映会を行っている。台本には、いつも子どもたちが感じていることや考えていること、こうなったらいいなという願望がところどころで垣間見えるのがとてもおもしろい。時々私にも出演依頼が来るが、非常に個性的な役柄ばかりまわってくるのはなぜだろうかと、毎回ちょっと不思議に思っているけれど。

ボランティアをやってみると、スクール生の時とは違うりんごの木が見えてきた。スタッフは何であの時にあんな発言や行動をしたのか、自分がスタッフに近い立場に立って今ようやく意味を理解したり、まだまだ自分は未熟なんだと思い知らされる。

子どもたちをよく観察していると個性的でとてもおもしろい。すごい才能を持っているなぁ、と思わせる子ばかりでビックリする。私にはない才能を持つ子を見ているとうらやましいと思うことが多々ある。スタッフさんから「いつもよく遊んでいる子が『今度いつ来るの？　早くカードゲームしたい』って楽しそうに言っていたよ」と教えてもらった時には、人前で泣きそうになるぐらいうれしかった。おかげで最近はフリースクールのような場所で働けたらいいな、とも考え始めている。

最近、昔のことを母親と話すと「昔は大変だったしつらかった。けどもそれを乗り越えて私もあなたも成長できた。ほかの人にはできない貴重な体験だったね」と言われる。私も不登校になってよかった、フリースクールに関われてよかったと心底思う。普通に学校に通っていたら体験できないことを、人よりたくさん経験できたと今なら思える。不登校を経験したからこそ今の自分がいる、不登校を自分にしかない貴重な「武器」として使えるのだと思える。

そのように思えるようになるまでいろんな人にいろんなかたちで支えてもらった。その人たちのおかげで今の自分がいる。フリースクールも出会った人もどれかひとつでも欠けていればこの場になかっただろうし、こんな文章を書いていなかっただろう。

不登校になっても私を信じて見守ってくれた家族や親戚、小三の頃からお世話になっているカウンセラーの先生、中学時代の適応指導教室の先生と友だち、りんごの木で知り合った友だち、スタッフさん。今ではすべて私のとても大切なものです。この場を借りて支えてくれたみんなに「本当にありがとう」と伝えたい。

パート3

フリースクール全国ネットワーク
団体情報

フリースクール全国ネットワークの会員一覧（43団体）です。どんなフリースクールがあるのか、特徴や活動内容、どこにあるのかなど、自分に合ったフリースクールを探してみてください。さらに詳細をお知りになりたい方は、各フリースクールまでお問合せください。

NPO 法人

フリースクール札幌自由が丘学園

もうひとつの学校。安心できる居場所であり学びの場

住所・連絡先

〒060-0908 札幌市東区北 8 条東 1 丁目 3-10
Tel ／ 011-743-1267
Fax ／ 011-743-1268

Mail ／ info@sapporo-jg.com
URL ／ http://www.sapporo-jg.com

代表者

杉野 建史
（学園長）

最寄駅

JR 札幌駅

開設年／ 1993 年 11 月 1 日
開室日／原則月～金 10:30 ～ 15:00 後 , 放課後活動

設立趣旨・特色

◎「北の大地に自由と共同の学校を」という趣旨でスタートさせた活動の中で、不登校・高校中退の子ども達のためのフリースクールをつくるべく 1993 年に創立。
◎ その後、中卒者をサポートするために「星槎国際高校」と提携した高等部をスタート、これは 09 年「札幌自由が丘学園三和高等学校」としてステップアップする。
◎ 主として小中生のためのフリースクール部と高等部（高校）のふたつからなる札幌自由が丘学園である。学園の目標は「SJG コンセプト」の実践。
◎ StepUp（今一歩の挑戦を）、JoinHands（協力・共同を）、GoodSense（感性と理性、理性的な行動を）を総合的に進めよう、という趣旨。特に第一の目標はは学園の基本的なスローガン。

活動内容

・学習の時間 :1 日、3 ～ 4 時間の授業。個別勉強。放課後活動あり。
・ 生徒との協議で行事を計画。運動会、カヌー、ヨット、札幌市内の各資源の視察見学。
・夏休みや冬休みの「特別勉強会」
・7 月の第一土曜日に全学園（生徒・父母・スタッフ・その他）による 33 キロ強歩遠足の実施。

○**対象**／ 10 歳～ 18 歳くらい　○**在籍数**／ 21 名
○**会費**／ 3 万 3000 円　○**スタッ**／常勤 7 名（高等部を含む）・非常勤 15 名

○**発行物**／学園だより「希望の樹」（ほぼ月刊）・新刊『不登校 新しい学びの場で変わっていく子どもたちとの 15 年』　○**関連団体**／北海道フリースクール等ネットワーク

NPO法人

フリースクールさとぽろ

自然の中の 小さなフリースクール

住所・連絡先

〒048-2412 北海道余市郡仁木町東町緑ヶ丘114番地
Tel／0135-34-6117
Fax／0135-34-6118

Mail／satoporo@violin.ocn.ne.jp
URL／http://web.mac.com/kabutaku/

代表者

宇野 冴美
（理事長）

最寄駅

JR余市駅

開設年／1989年
開室日／全寮制

設立趣旨・特色

1989年、不登校の子ども達の居場所として開設。デンマークの教育理念をお手本に、既存の学校と違う「もうひとつの学び場」として活動しています。生徒とスタッフが共同生活を送り、その中で“共に生きる力”を身に付けることを目指しています。

若者が希望に基づいて将来の道を選択し歩んでゆけるよう支援を行います。進学と仕事の選択を二本柱とし、必要や本人の希望に応じて、高認試験対策や就労支援等のプログラムを設けています。

寮は家族のようなアットホームな雰囲気です。また多くの樹々と、野鳥や動物の棲む自然に囲まれています。この豊かな環境の中でのびのび学んでみませんか？

活動内容

○基礎学力を中心とした学習。○陶芸や木工などの物つくり。○音楽や絵画による自己表現。○スポーツや農作業など。
○高卒認定試験受験や通信制高校の学習サポート。
○自立支援プログラム・就労支援（アルバイト・ボランティア・労働実習などの支援）。
○その他、料理や食器洗い、共用スペースの掃除などは当番制で行います。

○**対象**／中学生以上　○**在籍数**／約15名
○**会費**／入学金30万円、寮費月額12万円　○**スタッフ**／常勤7名

○**発行物**／『自分さがし～私たちの不登校体験記』北海道新聞社刊（絶版）
○**関連団体**／NPO法人日本フリースクール協会・NPO法人登校拒否・不登校を考える全国ネットワーク

スクールさぽーとネットワーク

ひとりじゃないよ、世の中捨てたもんじゃないよ。

住所・連絡先

〒085-0032 北海道釧路市新栄町 1-13 島屋内
Tel & Fax ／ 0154-22-7363

Mail ／ info@sapporo-jg.com
URL ／ http://web-p.jp/sukusapo/

代表者

大島 静代

最寄駅

JR 根室線釧路駅

開設年／ 2007 年 4 月
開室日／月～金 10：00 ～ 15：00

設立趣旨・特色

こどもたちの抱える様々な悩みや問題を、本人まかせ、親まかせ、学校まかせにせず、地域みんなで共有し解決していくことを目的とした取り組みです。

いじめ、不登校、ひきこもり、学習障がい、不安障がい、DV、ともだち、性、将来…など、いっしょに考えよう。

活動内容

・フリースペースプログラム《自由学習・作業学習・スポーツ・脳トレ》
・学習サポートプログラム《小学校・中学校・受験》
・特別プログラム《コンピュータ・楽器・料理 ... など》
・カウンセリングプログラム《本人・保護者》
・短期、長期宿泊プログラム《個別・グループ》

○**対象**／ 8 歳～ 20 歳　○**在籍数**／ 11 名
○**会費**／なし　○**スタッフ**／常勤 2 名・非常勤 4 名

○**関連団体**／障害者自立支援就労支援事業所ゴマサーカス

まきばフリースクール

すこやかに、ゆるやかに、ぼちぼちと。

住所・連絡先

〒987-2183 宮城県栗原市高清水袖山 62-18
Tel ／ 0228-58-4755　Fax ／ 0228-58-4756

Mail ／ makibafree@mail.goo.ne.jp
URL ／ http://www6.ocn.ne.jp/~makiba/

代表者

武田 和浩

最寄駅

JR 東北本線瀬峰駅

開設年／ 1999 年
開室日／月曜～金曜日 9:00 ～ 17:00（祝日も開室）

設立趣旨・特色

　まきばフリースクールは、赤ちゃんからお年寄りまで、さまざまな理由で安心できる心の居場所を必要としている方々に開かれています。

　ポニーや羊、犬やネコと一緒に、介護を必要とする老人、不登校の生徒、引きこもりがちな青年や生き辛さを抱えた婦人や壮年までが、足りないところを補い合って生活を共有しています。隣町に 3 つの寮とアパートを備え、動物の世話や野菜作り、併設するデイサービスや宅老所の仕事を手伝ったり、いっしょに外出、また若者たちでアウトドアや学習、クラフト作り、スポーツに汗を流しています。

　自分の興味や関心、長所を伸ばし、劣るところはそれを理解し支えてくれる仲間とつながり、調和と連携、互いを必要としあう関係の中に、生かし生かされる生活共同体を目指しています。

活動内容

・自然体験・農業・動物（ポニーや羊、ネコ、犬など）の世話、スポーツ、創作などの体験活動
・花見、キャンプ、芋煮会、スキー（スノーボード）などの年間行事の開催
・無農薬野菜やハーブ、手作りクラフト（人形やヘンプ編みストラップなど）の制作と販売、高齢者介護デイサービスのお年寄りとの交流や仕事体験
・隣町の大崎市古川に寮を運営
・毎月第一土曜日に親の会を開催。相談はメール、電話、来所、訪問で行っています。

○**対象**／とくになし　○**在籍数**／約 70 名
○**会費**／ 1 日 1000 円（昼食込）送迎 500 円・寮利用 1 ヶ月 6 万円（15 歳まで）・7 万 5000 円（16 歳以上）○**スタッフ**／常勤 3 名・非常勤 10 名

○**発行物**／季刊の会報誌「まきばの四季」
○**関連団体**／高齢者介護デイサービス「デイサービスまきば」　公文式高清水教室

NPO 法人

寺子屋方丈舎

やってみたいが本気になる

住所・連絡先

〒 965-0041 福島県会津若松市駅前町 7-10
Tel & Fax ／ 0242-32-6090

Mail ／ houjou@abeam.ocn.ne.jp
URL ／ http://www6.ocn.ne.jp/~houjyou/

代表者

江川 和弥（理事長）

最寄駅

JR 会津若松駅

開設年／ 2001 年　**開室日**／毎週火曜日～土曜日 10:00 ～ 18:00（第 2 土曜は親の会）

設立趣旨・特色

寺子屋方丈舎は子どもの社会参画を支援しています。参画とは子どもたち自身が「企画・実施・ふりかえり」というプロセスで活動することによって、考え、行動し、次にどうするかを自分らしく決めることです。

私たちは学校へ行く子も、いかない子も同じように社会の中で大切にされ、育まれていくために子どもたちの個性を尊重し、社会の中で対等な関係を築ける支援事業を行っています。寺子屋方丈舎フリースペースは、子どもたちがそのままの自分で過ごせる居場所です。興味・関心を大切にしながら、自分自身の楽しみを形にしましょう。

活動内容

◇基本的な週間スケジュール
火曜日 : 花屋（就業体験事業。花の仕入れから販売まで子どもで行い、給料もでます）
水曜日 : 体育館（近所の体育館を借りて運動、水曜日は 2 時間）
木曜日 : ランチ（食べたいものを作ります。ヒットは会津名物ソースカツ丼)、ミーティング（日常を話し合います。事業計画やランチや政治、ちょっとした疑問まで）
金曜日 : 体育館（水曜だけじゃ物足りない！　という要望で金曜日も。1 時間です）
土曜日 : 何かしよう DAY（のんびり土曜日です、1 日何をしようかな？）

◇イベント・事業
アルバイト体験／旅行 : 東京、新潟粟島等。IDEC でオーストラリアも／出店 : 会津名物「こづゆ」、「スリランカカレー」等、地域イベントで出店し好評。／泊まり会 : 月 1 回／学習支援 : 希望で学習支援。通信制高校サポート、高認試験対策など。

○**対象**／小学生～ 20 歳　○**在籍数**／ 20 名　○**会費**／月額 1 万 8000 円・日額 2000 円　○**スタッフ**／常勤 3 名・非常勤 3 名

○**発行物**／会員に隔月送付の会報「寺子屋方丈記」・『親が育つ ?!』

NPO法人

フリースクールビーンズふくしま

安心できる「居場所・学びの場」を子どもたちへ

住所・連絡先

〒960-8164 福島県福島市八木田字中島106-1
Tel & Fax／024-544-1984

Mail／beans@k9.dion.ne.jp
URL／http://www.k5.dion.ne.jp/~beans-f/

代表者

若槻 ちよ
（理事長）

最寄駅

JR福島駅

開設年／1999年
開室日／火曜～土曜 9:30～17:30

設立趣旨・特色

「ビーンズふくしま」は学校へ行けない、学校へ行きづらさを抱えた子どもたちのためのフリースクールです。

本当に自らが望む姿で安心して過ごし、たくさんの人と信頼し合い、つながる力、主体的により良い社会を形成する力を獲得し、将来の夢や目標を持ってこの場を巣立っていけるよう願っています。

対話が生まれる関係づくり、認め合い助け合える仲間・集団づくり、学びの場の充実を行っています。

活動内容

- 朝の時間「学びタイム」。10:30～11:30 毎日1教科ずつ講義形式などで基礎学習。
- 毎日「昼ミーティング」飴をなめながら語り合う。帰りのキャンディタイムで一日の確認や感想を話し合う。
- 木曜日 皆で作って食べるランチ企画
- 週に1回、予定決めを皆の話し合いで行う「週ミーティング」。・春合宿、キャンプ、クリスマス会、スケートなど。
- 就労体験「宅配花屋」「廃品回収」を実施。

○**対象**／概ね学齢期～19歳　○**在籍数**／約25名　○**会費**／定額コース3万1千円、回数コース1万+1回（1500円）　○**スタッフ**／常勤2名・非常勤1名

○**発行物**／「ビーンズだより」（フリースクールメンバー・保護者向け月1回）「ビーンズ通信」（法人会員向け3ヶ月に1回）　○**関連団体**／ビーンズプレイス、ふくしま若者サポートステーション、こおりやま若者サポートステーション

財団法人

東京 YMCA “liby”

あなたの存在を大切にしたい！

住所・連絡先

〒 161-0032 東京都新宿区中落合 4-21-7
Tel ／ 03-5988-7832
Fax ／ 03-3950-1062

Mail ／ liby@tokyo.ymca.or.jp
URL ／ http://www.k3.dion.ne.jp/~liby/

代表者

秋田 正人
（ディレクター）

最寄駅

西武新宿線・都営大江戸線中井駅／東京メトロ東西線落合駅

開設年／ 1996 年
開室日／平日 12：00 ～ 19：30

設立趣旨・特色

「不登校」、「いじめ」、「殺傷事件」、「ニート」など、これまでの価値観では理解し難い現象が、子どもたちの周辺で起こっています。こうした現象に対応すべく、精神科医、カウンセラー、教師、大学講師など、様々な大人が 2 年にわたる議論を重ね、その中から生まれたのがこの liby（リビー）です。

「それぞれの『存在を認めること（let it be)』をキーワードに、お互いのつながりを取り戻していくことがこうした現象への対応では重要なのではないか」と私たちは考えています。そしてそのときそのときの子どもたちにあわせて、変幻自在に形を変えていく――それが、liby です。

活動内容

①新しいオープンスペース（～ 20 歳まで）：平日の昼間から夜にかけて開いている、子どもの場です。
②オルタ liby（中学卒業後～ 30 歳程度）:1 対 1 の対応を中心とした、関わりが保障された場です。
③ URA-liby（ウラリビー・どなたでも）：たまに集まりたい、そんな参加者の声で生まれてきた、若者の集まりです。
④ペアレンツクラブ liby（不登校の親の会）:liby に参加していない保護者も参加。
⑤ liby 工房（ファブリーク）：講演会、キャンプなど、“let it be” をキーワードに、これからの時代を作っていく運動です。

①②について　○**対象**／小学生～20 歳　○**在籍数**／30 名　○**会費**／登録による・最大約月 4 万 4000 円　○**スタッフ**／常勤 3 名・非常勤 3 名

○**発行物**／「liby のひみつ」（年 4 回 発行）　○**関連団体**／日本 YMCA 同盟、各地の YMCA、ワイズメンズクラブ国際協会東日本区

フリースクールジャパンフレネ

フランスのフレネ教育法に基づく個性教育

住所・連絡先

① 160-0022 東京都新宿区新宿 2-8-17 SY ビル 6F
Tel／03-3352-3135　Fax／03-3352-3039
② 360-0044 埼玉県熊谷市弥生 2-43

Mail／sinjyuku@jfreinet.com
URL／http://www.jfreinet.com

代表者

木幡 寛

最寄駅

東京メトロ丸の内線新宿御苑前駅／副都心線・都営地下鉄新宿線新宿三丁目駅／JR 新宿駅

開設年／1999 年
開室日／月曜～金曜 10：00～16：00

設立趣旨・特色

長年民間教育に関わってきた代表・木幡寛が自ら教材研究し授業する『フリースクール』を目指し設立しました。不登校児童生徒の救済センターという立場は、取りません。あくまでもフレネ教育法に基づく学校以外の学びです。公教育では『個別教育』はできますが『個性教育』はできません。一人一人の子どもに対応していく「個性教育」を実現していくために、学ぶ必然性が起きてくるような多様な教材や活動を準備していきます。

学校に行かないことに負い目やコンプレックスを持つ必要はありません。不登校や発達障害を持った子どももそうでない子どもも一緒に学ぶフリースクール『ジャパンフレネ』。自分のリズムやペースで楽しく学んでいきたい皆さん、ぜひ、いらして下さい。

少人数教育のため、定員制を敷いています。

活動内容

必要最小限の基礎基本としての必修授業『日本語・基礎数学・英会話』、お散歩の授業、お料理の授業、スペシャル授業（各種実験やものづくり、歴史講座、地理講座、プチ哲学、新聞作り、合唱、群読他多数）、ヨガ講座、飛ぶ教室（約 2 週間にわたる宿泊型体験旅行 例年沖縄・鳩間島に行きます）、ミニ飛ぶ教室（2 泊 3 日の体験型体験旅行）、スポーツミニ飛ぶ教室、春夏のキャンプ、ジャパンフレネフェスティバル、体育祭。この他、希望・リクエストに応じ、各種授業を実現。

『おもしろ通信講座』（ホームエデュケーションのためのおもしろ教材を毎週発送）を併設・『算数・数学専科教室』（代表木幡寛のマンツーマンレッスン）を併設

○**対象**／6 歳～20 歳　○**在籍数**／25 名
○**会費**／2 万 5000 円～4 万 5000 円　○**スタッフ**／常勤 3 名、非常勤 8 名

○**発行物**／代表木幡寛の著書：『算数のできる子どもを育てる』『カレーを作れる子は算数もできる』（講談社現代新書）『学ぶ力がつく学習法』『なぜなに不思議あそび』（PHP 研究所）、他多数

NPO 法人

東京シューレ

自由って自らに由るってこと。自由に生きよう。

住所・連絡先

①〒 114-0021 東京都北区岸町 1-9-19
Tel／03-5993-3135　Fax／03-5993-3137
②〒 162-0056 東京都新宿区若松町 28-27
③〒 277-0882 千葉県柏市柏の葉 4-3-1
さわやかちば県民プラザ 2 階

Mail／info@shure.or.jp
URL／http://www.tokyoshure.jp

代表者

奥地 圭子（理事長）

最寄駅

① JR 王子駅②都営地下鉄若松河田駅③つくばEX 柏の葉キャンパス駅

開設年／ 1985 年　**開室日**／月～金曜日 10:00 ～ 18:00（小学生～ 16:00）

設立趣旨・特色

東京シューレは、1985 年から活動している古いフリースクールで、すでに 1400 人ほどの OB・OG が関わってくれました。人の成長は学校のみでなく、多様にあってよいとの考えから、通う場として 3 つのスペース、在宅で育つ人がつながるホームシューレ、18 歳以上の人の自主運営の大学の活動を行っています。入会の唯一の条件は、子どもの意思であることで、本人が居場所であると感じられることを大切に、やりたいことを応援され、子どもミーティングでルール、部屋の使い方、開きたい講座、やりたい行事などを決めて、取り組みます。何もしない自由も保障され、のびのびと過ごしています。

活動内容

・子どもの希望でつくる講座（三味線、バンド等）・実行委員会を作って取組み実現するもの（周年祭、ハロウィンパーティ、クリスマス会、旅立ち祭、夏合宿、今年は佐賀全国合宿にあわせて長崎、水俣 10 日間の旅を寝袋を持ってまわった）・自分たちの音楽活動で作曲、CD 製作し販売・トレインを製造し、フェスティバルや全国ネットで走らせている。基礎学習や「高認」のための時間もある。
・進路を考えるセミナー、「ようこそ先輩」などの時間、仕事体験なども展開。

○**対象**／ 6 歳～ 20 歳　○**在籍数**／フリースクール 140 名、ホームシューレ 270 名　○**会費**／正会員 4 万 5 千円、準会員 1 万 5 千円
○**スタッフ**／常勤 13 名、非常勤 9 名

○**発行物**／東京シューレ通信（月 1 回）「東京シューレ子どもとつくる 20 年の物語」「学校に行かなかった私たちのハローワーク」「子どもは家庭でじゅうぶん育つ」（以上東京シューレ出版）「僕らしく君らしく自分色」（教育史料出版会）他。
○**関連団体**／ NPO 法人登校拒否・不登校を考える全国ネットワーク、学校法人東京シューレ学園東京シューレ葛飾中学校、登校拒否を考える会

学校法人

東京シューレ葛飾中学校

東京シューレが創った不登校対象の私立中学校

住所・連絡先

〒 124-0024 東京都葛飾区新小岩 3-25-1
Tel ／ 03-5678-8171
Fax ／ 03-5678-8172

Mail ／ info@shuregakuen.ed.jp
URL ／ http://www.shuregakuen.ed.jp

代表者

奥地 圭子
（理事長・校長）

最寄駅

JR 総武線新小岩駅

開設年／ 2007 年
開室日／月～金 9:40 ～ 17:00

設立趣旨・特色

フリースクールのような、子ども中心で育ちあっていく場が公教育として認められ、卒業資格も出せ、助成金も得られ、諸外国のように正規の教育機関として社会に通用できたらいいなと考え、廃校を借りて実現しました。

自分のペースで通い、一人ひとりの個性を大事にし、一律一斉ではありません。

クラスは「ホーム」といい、異年齢で構成。朝はゆっくり始まり、午前は 2 時間授業、たっぷりの昼休みがあり、午後に 2 時間授業。そのあとは下校まで好きな活動をそれぞれに過ごします。

毎週木曜日は一日中「いろいろタイム」があり、行事づくりやものづくり、仕事体験などを大事にしています。

一斉授業ではなく、自分の学力にあわせて学べます。教師も先生と呼ばずスタッフと言い、名前で呼んでいます。

また、ここでは安心して不登校することができます。家で育つことも肯定的にとらえ、自己形成に大事な時間と位置づけ、いろいろなサポートをしています。

活動内容

文化祭・修学旅行・仕事体験・「ようこそ先輩」・性講座・米作り・周年祭・旅立ち祭・お楽しみ会・見学・ミニコンサート・ミーティングなど・学校運営会議では、子ども、保護者、スタッフそれぞれの代表が出て毎月話し合い、日常の様々なことを決めています。

○**対象**／中 1 ～中 3　○**在籍数**／ 117 名　○**会費**／月額 3 万 4000 円（その他施設費有り）　○**スタッフ**／常勤 12 名・非常勤 8 名

○**関連団体**／ＮＰＯ法人東京シューレ、不登校・ひきこもりを考える葛飾親の会

フリースクール僕んち

ゆっくり、まったり…自分の権利は自分で護る！

住所・連絡先

〒 155-0033 東京都世田谷区代田 4-32-17-B
Tel & Fax ／ 03-3327-7142

Mail ／ bokunch@m18.alpha-net.ne.jp
URL ／ http://www.alpha-net.ne.jp/bokunch1/page1.htm

代表者

タカハシトール（主宰）

最寄駅

京王井の頭線東松原駅／小田急線梅が丘駅・世田谷代田駅

開設年／ 1994 年
開室日／主に月～金曜日、10：30 ～ 18：00

設立趣旨・特色

点取り虫の「イイ子」をやって来た主宰者トールの、自身への反省として、「自分を偽らなくても居られる」場を創りたいと思いました。決して「勝ち・負け」だけの狭い基準で自分を測らないで欲しい。子どもも大人も千差万別、十人十色…人は、一人一人違うからこそ価値があるのです。色んな愉しみや難しさを経験しながら、人生を味わっていきましょう。

「遊び＝学び」「トラブル＝ミッション」というのが合い言葉。来たくて来ている同士、ミッションに出会い、どうすれば解決できるか知恵を出し合う事は、心の「芯」を育ててくれます。

活動内容

曜日別にプログラムを提示していますので、それを選んで来る事もできますが、その時その時、来ているメンバーによって、その日にする事は柔軟に変えられます。現在は主に、月・金はお昼づくりができ、水・金にカラオケに行く事が多く、火曜にものつくり、木曜に野球などができます。常に相談しながら、毎日を大切に過ごしています。開室時間･年間行事･おでかけ･週間プログラムなど全ての大枠は、ミーティングで決まりますので、誰でも希望を出す事ができます。
・年数回、合宿やキャンプを開催。／毎月、おでかけを企画。／あーとたいむ：火曜夜 6 ～ 10 時（別会費）／若者サロン：木曜夜 6 ～ 10 時（別会費）／夜のざつだん会：ほぼ毎月一回開催（別会費）／親の会：毎月一回、日曜 12 時～ 3 時

○**対象**／何歳でも OK　○**在籍数**／ 17 名　○**会費**／入会金（別）、正会員 3 万 5000 円（月）、準会員 1 万円（月）＋各回 2000 円、ビジター各回 5000 円、支援会員 5000 円（年）から　○**スタッフ**／常勤 1 名・非常勤 1 名・ボランティア 10 名

○**発行物**／今月のぼくんち　○**関連団体**／世田谷こどもいのちのネットワーク、こども★若者 支援者ネットワーク

人の泉 オープンスペース“Be！”

“Be！”とは、「あなたの今のありまのままでいてね」というメッセージ

住所・連絡先

〒 156-0044 東京都世田谷区赤堤 1-15-13
Tel ／ 03-5300-5581
Fax ／ 03-3321-8651

Mail ／ openspace@be-here.gr.jp
URL ／ http://www.be-here.gr.jp/

代表者

佐藤 由美子

最寄駅

小田急線
豪徳寺駅・経堂駅

開設年／ 1995 年
開室日／火曜、木曜 11：00 ～ 17：00、月曜～金曜　夜の会

設立趣旨・特色

周りの大人は早く学校に戻ればいい、早く一人前の社会人になってほしいと思いがちですが、“Be ！”はそういった「社会適応」を応援しようとしているわけではありません。学校や社会でうまくやる力を早く身につけなければならないと思い込むことで、かえって他の人々と気持ちよく出会えなかったり、一緒にいることが難しくなることも多いものです。

それよりは、今の自分がどんな自分なのかを知り、それを受け取ろうとすることの方が大切かも…。また、他の人だけでなく自分自身ともどう付き合っていいかわからず混乱している人でも、必ず「自分はこんなふうに生きていきたい」「こんな自分になりたい」という願いのようなものが芽吹いているはず。

まわりの雑音にかき消されることの多いその願いに耳を傾け、小さな声を聞き取り、じっくりと目に見える形に育ててやりましょう。

気長に、あきらめずに…。“Be ！”は、どこかのだれかになろうとするのではなく、自分自身になっていくあなたを応援します。

活動内容

1. 火、木曜のデイ活動（昼食、おやつ作り、ハナシテミヨウ会、その他）2. 月一夜のウィークエンド“Be ！” 3. 赤堤リサイクルフリーマーケット（年間10 回） 4.「世の中捨てたモンじゃない！連続学習会」 5.「今、ここ」に答えるサポーター研修講座（月 1 回） 6.「からだ」から「こころ」気功講座（月 1 回）7. 相談（随時） 8. もっと語ろう不登校（「フリースクール僕んち」高橋、鶴田、佐藤が世話人） 9. 通信発行（年間 4、5 回）

○**対象**／年齢不問。現在は青年中心　○**在籍数**／約 30 名
○**会費**／月 1000 円　当日参加 500 円　○**スタッフ**／常勤 1 名、非常勤 2 名

○**発行物**／通信「ちっちゃな“Be ！”の窓辺から」（年間 4、5 回発行）、
報告書「要支援青少年の社会参加を多角的にサポートする地域資源の調査、育成」
○**関連団体**／世田谷こどもいのちのネットワーク、子ども★若者支援者ネットワーク

フリースクール@なります

自分のペースで歩いてみませんか？

住所・連絡先

〒 175-0094 東京都板橋区成増 4-31-11
Tel ／ 03-6784-1205
Fax ／ 03-6327-4337

Mail ／ kubosan125@yahoo.co.jp
URL ／ http://www.asahi-net.or.jp/~bx9m-kb/home

代表者

久保 正敏

最寄駅

東武東上線 成増駅

開設年／ 2004 年
開室日／月曜日～金曜日 10：00 ～ 19：00

設立趣旨・特色

代表自身が不登校を経験していることから、いま現在同じ境遇にいる子どもたちに何かしらのサポートができないかとの思いから設立。

「フリースクール＠なります」の「@（アット)」は「アットホーム」のアット。学校に行くことや人間関係に疲れてしまった人たちが「ほっ…」と安心できるアットホームな「居場所」を提供しています。そんな安心できる環境の中で、自分なりのペースを見つけながら、色々な経験を重ねていって欲しいと思っています。ちょっと一休みをして、スタッフやスクールに通ってきている仲間たちと一緒に「自分らしい人生」を探してみませんか？

学習スペース

農業体験もできます

活動内容

・ミーティング（毎週金曜日）
・基本講座：教科の学習、通信制高校カリキュラム、高認対策講座、パソコン講座、書道、農業体験、調理実習
・月 1 回程度、外出イベント、スポーツ、旅行などの課外学習をおこなっています。
・毎年、年末にクリスマス会＋忘年会を開催しています。

○**対象**／小学生以上 20 歳まで　○**在籍数**／ 6 名　○**会費**／ 3 万円（1 ヶ月）
○**スタッフ**／常勤 1 名、非常勤 2 名

ポケットフリースクール

ゆっくり じっくり 自分探し

住所・連絡先

①〒 166-0003 東京都杉並区高円寺南 4-7-3
サンシャイン高円寺 2F
Tel／03-6689-3892　Fax／03-3314-5596
②〒 041-0806 北海道函館市美原 3-20-20
ダイワパレス 101
Mail／freescool@englishpocket.com
URL／http://www.engiishpocket.com/freeschool/

代表者

赤嶋 かなえ

最寄駅

① JR 高円寺駅（東京）
② JR 函館駅（北海道）

開設年／2006 年
開室日／月曜日～金曜日 10：00 ～ 17：00

設立趣旨・特色

勉強ができるかどうか、スポーツが得意かどうかは、長い人生の中ではあまり重要なことではありません。それよりも自分の好きな事、嫌いな事、したい事、したくない事を自分で判断できる事の方が将来の力になると考えます。自分をしっかり持っていれば、どこにいても、何をしても心配はないものです。学校に戻るのも、ここから社会に出るのも、本人の判断で決められるはずです。そして私たちはその本人の決断を心から応援したいと思っています。自分の道は自分で決める。そのためにも、まずは自分を見つめ、自分の気持ちとじっくり向き合い、様々な事を判断できるようになる事が大切です。私たちは一人ひとりとじっくり向き合い、それをお手伝いしたいと思っています。

活動内容

・基礎学習（教員免許を所得している講師による少人数クラスでの学習指導）
・プロジェクト（テーマを決めて調査、比較、まとめ、発表、そのプロセスこそが学習です）
・イベント（秘湯を探す旅、乗馬、ハロウィン仮装パーティ、パンプキンカービング、卒業旅行、クリスマスリース作り、クリスマス会、アイススケート等）
・その他、生活指導、進路指導、メンタル面のサポートも行っています。

○**対象**／6 歳から 18 歳　○**在籍数**／26 名　○**会費**／2 万 6250 円（週 2 日）～ 4 万 7250 円（週 5 日）　○**スタッフ**／常勤 3 名、非常勤 8 名

○**発行物**／ポケット通信（月 1 回発行）　○**関連団体**／NPO 法人日本フリースクール協会・社団法人全国外国語教育振興協会・「英検」「TOEIC」「漢検」

フリー・スクール啓成塾

不登校をきっかけに希望を実現！

住所・連絡先

〒202-0014 東京都西東京市富士町 4-13-22
豊玉ビル 3F
Tel & Fax ／ 042-467-6417
URL ／ http://www.musashinojissen.ne.jp

代表者

戸田 康俊

最寄駅

西武新宿線東伏見駅

開設年／ 1996 年
開室日／月曜～土曜 11：00 ～ 21：30

設立趣旨・特色

設立以前から代表者が進学塾と兼ねて、同じ教室で昼夜やっていました。したがって居場所としてではなく、不登校でも進める高校、学力の促進、相談できる場としてやってきました。

近頃は入学したチャレンジ高校でも、ブランクのあった２～３年を取り戻すために、高校生が来ているため、年齢層が高くなっています。小学校５年～６年生で学校に通学できない人、どしどし来てください。

活動内容

- 英検、漢検準会場（２～３週間前から模試、練習）
- 都立チャレンジ高校合格に向けて、作文、面接対策
- 提携する通信制高校でのスクーリング（勉強ではありません。数人でやりたいことを決め、つくば市周辺で合宿。平成 20 年から）
- 夕方から進学教室

○**対象**／小学生～ 20 歳ぐらいまで　○**在籍数**／６～８名　○**会費**／月１万 8000 円～、入会金２万円　○**スタッフ**／常勤２名、非常勤３名（大学生）

○**発行物**／フリースクール啓成塾通信（月１回）○**関連団体**／西東京市地域教育協議会、（株）フレンドリーオーバーシーズサポート

NPO 法人越谷らるご

フリースクールりんごの木

あなたのマイペースを応援します。

住所・連絡先

〒 343-0042 埼玉県越谷市千間台東 1-2-1
白石ビル 2F
Tel ／ 048-970-8881　Fax ／ 048-970-8882
Mail ／ k-largo@k-largo.org
URL ／ http://k-largo.org/

代表者

増田 良枝
（理事長）

最寄駅

東武伊勢崎線
せんげん台駅

開設年／ 1990 年　**開室日**／月曜日～土曜日まで
10：00 ～ 17：00（休日：火、日、祭日）

設立趣旨・特色

フリースクールりんごの木は、市民が設立し運営するNPO 法人越谷らるごによって運営されています。「年令に関係なく、大人も子どももよりよく生きる」ことを大事にし、6 歳から 20 歳までの子ども・若者のためのフリースクールりんごの木と、20 歳以上の人たちの居場所などを開設しています。

りんごの木では、「自分のことは自分で決める、みんなのことはみんなで決める、みんなで決めたことはみんなで守る」の 3 つのルールに基づいて、子ども、ボランティア、スタッフが共に過ごしています。映画制作など、メンバー以外にも呼びかけをしている活動もあります。

活動内容

- 週 1 回のミーティングで、活動内容やルールなどを、子ども、ボランティア、スタッフが一緒に考え話し合っています。
- 基本的な講座は、学習タイムの他、スポーツ、音楽、料理、おでかけ、まんが講座などです。
- 子ども・若者たちで映画制作活動を行なっています。
- 年間を通しては、クリスマス会、お別れ会、旅行、合宿、お泊り会などのイベントを行なっています。

○**対象**／ 6 歳から 20 歳　○**在籍数**／ 43 名
○**会費**／ 3 万 5000 円（1 ヶ月）　○**スタッフ**／常勤 4 名、非常勤 1 名

○**発行物**／「越谷らるご通信」(月 1 回発行の冊子)、『りんごの木の実たちの 15 年』
○**関連団体**／登校拒否・不登校を考える全国ネットワーク、越谷 NPO センター、さいたま NPO センター

NPO法人ネモネット

フリースペース ニョッキ！

元不登校経験者がスタッフの自由な空間！元気を売ってます

住所・連絡先

〒274-0063 千葉県船橋市習志野台1-8-16
ユニーク内

Tel & Fax／047-406-5253

Mail／info@nponemo.net
URL／http://nponemo.net/

代表者

前北 海
（理事長）

最寄駅

新京成線高根木戸駅

開設年／2004年
開室日／第1、3土曜日 12：00～18：00

設立趣旨・特色

子ども若者が中心に運営するNPO法人ネモネットが運営するフリースペースです。

自由とは自分で決める！ということなのでやることや、したいことは来ているメンバーで話し合って決めています。簡単なところを紹介すると12時から始めるので、毎回、お昼ごはんを何を作るか決めています。毎回、美味しいと評判だったりもします。

サッカーより野球が好きなのでパワプロを良くやります。本物の野球も近くの公園でやったりします。野球チームとしても活動してたりしますので、そちらも良かったら遊びに来て下さいね。

活動内容

通常：昼ごはんの調理。ボードゲーム、テレビゲーム、軽スポーツ（野球、サッカー、卓球など）、ミーティング
イベント：夏のキャンプ、冬の温泉合宿

○**対象**／小学生～20歳前後　○**在籍数**／10名
○**会費**／1回1500円　○**スタッフ**／常勤3名・非常勤2名

○**発行物**／ネモネット通信「ネモ通信」（隔月発行）
○**関連団体**／NPO法人ネモネット 元当事者に聴ける不登校・ひきこもり 親のグループ相談会

若者のホッと空間・したいなぁ～松戸

大人達の問題視によって若者を苦しめていませんか。

住所・連絡先

〒271-0051 千葉県松戸市馬橋 513-12
Tel ／ 0473-349-1346

Mail ／ mmmati01@ka4.koalanet.ne.jp
URL ／ http://shitaina.fc2web.com/

代表者

松村 正子

最寄駅

JR 常磐線 馬橋駅

開設年／ 1993 年
開室日／月・水・金 14：00 ～ 19：00

設立趣旨・特色

不登校の親の会「ひまわり会」に小・中学の子が集まり始め、自然発生的にしたいなぁ～松戸が生まれました。

通学していた人もいますが、不登校や引きこもりを経験した人も来ています。登校する、しないに関係なく人間であることは同じ。13 歳は 13 歳の、20 歳代は 20 歳代の悩みやとまどいがあります。

頭ではやろうとしても身体も心も動かせない……そんな苦しさを理解する大人や経験者もたくさんますが、看板を掲げてはいないので、「誰もわかってくれない」と感じる子、若者が多いです。「自分はダメ人間だ」と自責する子もいますが、ダメどころか身体が動かなくなるまでガンバってきた、人一倍まじめで優しい頑張り家さんなのです。

松村は登校拒否・不登校の子どもを持つ親で、最初は親子で苦しみ今は楽しんで生活しています。登校拒否を考える全国ネットでは 20 年以上も前から、子どもたちからたくさんの事柄を学ばせてもらいました。その学習の積み重ねを苦しんでいる子どもと親に伝えたい、私は成功例より失敗例こそ伝えたいです。

活動内容

毎月第 2 日曜 14：00 ～ 17：00 親サロン（グループ懇談・赤沼医師も参加）
毎月第 3 日曜 13：30 ～ 個人面談　赤沼医師（心療内科医）要予約

○**対象**／年齢制限なし　○**在籍数**／ 3 名　○**会費**／ 9000 円～ 1 万 2000 円（通所日数により違います）　○**スタッフ**／常勤 1 名、非常勤 2 ～ 4 名

○**発行物**／年数回、おしゃべり通信を発行

フリースクールあおば

不登校生を応援します。不登校生のための個別指導の勉強室

住所・連絡先

〒 272-0021 千葉県市川市八幡 3-2-3
メゾン・ド・ミツ 104
Tel ／ 047-324-2889　Fax ／ 047-322-3714

Mail ／ ma.sa.ru@nifty.com
URL ／ http://iruka.aigakuin.jp/

代表者

雨宮 勝

最寄駅

JR 本八幡駅
京成八幡駅

開設年／ 1990 年
開室日／月～木曜日 10：30 ～

設立趣旨・特色

不登校の中学生、高校生、高校を中退した人や社会人の人たちの中で、特に勉強や学力に不安を感じている方に、学力の不安をなくして自信を持って次のステップに進めるように、専門の人がお手伝いするところです。

次のような方を応援します。

・しばらく学校に行っていないので不安だ
・外に出て、通う習慣を身に付けたい
・少しずつでも勉強をしたい　・中学の勉強をやり直したい
・どうしても高校を卒業したい　・通信制高校の勉強をサポートしてほしい
・高認に合格したい　・将来の仕事に向けた勉強をしたい
・学校での勉強がどうしても苦痛だ

活動内容

希望すれば高校部の行事や、総合学習などに参加できます。
・研修旅行、書道など。

○**対象**／中学生以上　○**在籍数**／ 5 名　○**会費**／ A コース : 週 1 ～ 2 日 2 万 6250 円　B コース : 週 3 ～ 4 日 3 万 8850 円　○**スタッフ**／常勤 2 名、非常勤 8 名

○**関連団体**／ NPO 法人日本フリースクール協会

NPO法人のむぎ地域教育文化センター

のむぎO.C.S（オープンコミュニティスクール）

「地域の新しい教育力と文化の創造」の一翼を

住所・連絡先

〒227-0031 横浜市青葉区寺家町112
Tel／045-961-6696
Fax／045-961-6895

Mail／mail@nomugi.com
URL／http://www.nomugi.com/

代表者

樋口 義博

最寄駅

東急電鉄田園都市線
青葉台駅・市ケ尾駅
／小田急線柿生駅

開設年／1982年　**開室日**／月～金（土日・祝日はイベントの時）原則9:00～17:00

設立趣旨・特色

1982年に、子連れ再婚の樋口夫妻が、三人の娘の子育ての葛藤の中で、自宅の六畳間を開放してつくられたセンターが始まり。　さまざまな地域での活動を通して、幼児からお年寄りまでの地域の異年齢集団が徐々にでき、1991年には「子どもたちや親の切実な願いを受け止める場」「不登校や中退、それに生きる道に迷う若者や『非行』経験者なども受け止める学びの場」として「のむぎO.C.S」が設立。のむぎO.C.S保幼部「どろん子」もつくられた。

教育目標は「学ぶことによって『生きる力』を身につけ、生きる方向を見つける手助けをする」。肩をいからせずに、いっぱいの夢と希望をふくらませて、楽しみながら…。

活動内容

・平和のバラまつり・平和太鼓コンサート・リモ・ウォーキング・夏祭り
・和太鼓スクール合宿・おもしろ大運動会・ちびっこ運動会・スキー学校
・自然体験活動（4回）・300キロ徒歩の旅（横浜～長野）・シャベリバ喫茶
・田、畑（綿づくりなど）・外国留学体験（アメリカ・キューバ等）
・スローライフ（アート・楽器・お茶等）・フリースペース・教育相談 他

○**対象**／2歳～30代　○**在籍数**／約30名
○**会費**／500円～4万円　○**スタッフ**／常勤4名・非常勤6名

○**発行物**／・のむぎ「機関紙」（月1回）・書籍『子連れ再婚夫婦と娘たち（高文研）・『マニュアルを捨てた先生と生徒たち』（機関紙出版）・『のむぎ平和太鼓の旅』（平和文化）・『平和のバラを』（平和文化）　○**関連団体**／・「非行」克服支援センター・「非行」と向き合う全国ネット・フリースクール全国ネット・地域教育問題連絡協議会・かながわ「非行」と向き合う親たちの会（道草の会）他

居場所じゃがいも

猫がいる居場所！　楽しい時間を

住所・連絡先

〒943-0803 新潟県上越市春日野 1-11-21

Tel & Fax ／ 025-525-9672

代表者

南雲 和子

最寄駅

JR 春日山駅

開設年／ 1999 年
開室日／水曜日 13：00 ～ 17：00

設立趣旨・特色

じゃがいもの花が美しく咲いている頃オープンしました。

その頃、猫は４匹でしたが、車にはねられて死んだり、野良猫が来たりして、じゃがいもと猫は一体の関係。

猫アレルギーが少し改善したケースもあり、猫は９月末に 19 歳９ヶ月生きたトラコが死に今６匹。

活動内容

・週１回、異年齢でごちゃごちゃと過ごす。
・最近人見知りの猫たちが仲間に入り始めた。
・猫の数の方が利用する子どもの数より多いのが特徴

○**対象**／決めていない　○**在籍数**／５名
○**会費**／１家族１回 200 円　○**スタッフ**／常勤２名

NPO 法人

国際フリースクール I CAN

地域につながる子どもの自信づくりの居場所

住所・連絡先

〒943-0823 新潟県上越市高土町 1-8-10
Tel & Fax ／ 025-524-0173

Mail ／ charlie@freeschoolican.com
URL ／ http:// freeschoolican.com

代表者

チャールズ・ストラットン
（専務理事）

最寄駅

JR 信越線 高田駅

開設年／ 1995 年　**開室日**／月曜～金曜 10：00 ～ 15：00（デイプログラム）

設立趣旨・特色

1995 年「I CAN」はスタートしました。当初は放課後を中心に子どもたちに「自信づくりプログラム」として室内での活動や町の探検、キャンプなどの活動を実施していましたが、2005 年に NPO 法人となり、不登校の子どもたちの居場所づくりを中心に活動しています。

チェス、カードゲームをしながら室内でゆっくり過ごす、工作、I CAN カーに乗って出かけるなど活動は様々ですが、子どもたちのやりたいことを大切にしています。I CAN は子どもたちに「安心できる場」、「自分が可能性を感じ、自信をもてる」場を提供します！

最近は地域の方々を招待した BBQ 大会を開催するなど、地域に根ざした「フリースクール」を目指し活動しています。チャーリーはハンサム？なアメリカ人なので英語を本格的に学べるのも I CAN の特色ですね！

活動内容

・デイプログラム（不登校の子どもたちの居場所）…自分のやりたいこと、仲間づくり、体験活動をしたりしています。月・水・木の週 3 回活動。
・ナイトプログラム（高校生～若者のしゃべり場）…毎週水曜の夜に若者が集まって、将来などについて熱く語り合っています。工作や、カラオケイベントなども。
・スタディチームズ…学習サポート。学校の勉強や高卒認定試験の学習。
・イベント…毎月 1 回のペースで開催しています。キャンプ、ハロウィーンパーティ、講演会など。

○**対象**／7 歳から 20 歳くらいまで　○**在籍数**／約 10 名
○**会費**／週 1 回 1 万 2000 円（1 ヶ月）　○**スタッフ**／常勤 1 名・非常勤 2 名

○**発行物**／ I CAN GOOD NEWS（ニュースレター、年 4 回、I CAN 会員に発行）
○**関連団体**／ NPO 法人くびき野 NPO サポートセンター

NPO 法人

登校拒否の居場所づくりの会

子どもとその親の話しを聞き、共に考える

住所・連絡先

〒 950-0076 新潟市中央区沼垂西 1-7-22

Tel ／ 025-290-3281

代表者

高山 弘
（代表理事）

最寄駅

JR 新潟駅

開設年／ 1999 年（NPO 法人化 2004 年）
開室日／毎月第３日曜日 13：30 ～ 16：30

設立趣旨・特色

普段の不安や困っていることを気軽に持ち寄り、情報交換をし合いながら、お互いの思いをホンネで語り合う、登校拒否の親たちの語り合いの場です。

毎月１回の「当事者と親たちの懇談会」の開催、年１、２回の「講演会」を開催してきました。2003 年から「こどものフリースペースにいがた」を開設してきましたが、今は休んでおります。

活動内容

① 「登校拒否の当事者と親たちの懇談会」……毎月第３日曜日 13：30 ～（新潟市総合福祉会館）
② 「講演会」……年１、２回（新潟市総合福祉会館）「不登校・引きこもりを考える」「いじめ・不登校」「不登校・引きこもりの相談交流会」などをテーマに開催
③ 「進路情報交換会」
④ 「相談活動」
※ 「こどものフリースペースにいがたを、今休んでいますが、再開を目指しています。

○**対象**／**在籍数**／**会費**／フリースペースを休んでいます。
○**スタッフ**／「居場所づくりの会」では、役員、事務局を決めて毎月懇談会の前に打ち合わせをやっています。スタッフは５、６人です。

○**発行物**／毎月「登校拒否の居場所づくりの会ニュース」（会員に発送）

NPO 法人

フリースクール P&T 新潟校

自ら考え 自ら決めて 自ら行動する子を育成する

住所・連絡先

〒 956-0114 新潟市秋葉区天ヶ沢 253 番地
Tel & Fax ／ 0250-61-1805

Mail ／ pandt_niigata@ybb.ne.jp
URL ／ http://www.geocities.jp/pandt_niigata/

代表者

渡辺 真由美

最寄駅

JR 信越線矢代田駅

開設年／ 2008 年　**開室日**／月～金曜日 9：30 ～ 17：40（季節により変更あり）

設立趣旨・特色

学校以外の学びの場を選択した子どもに対して、その思いを否定せず、どの子も限りない可能性を持ち、学びたい意欲があることを信頼し、豊かに学び育ちあう場を提供することを目的に設立。

私たちは、目に見えない精神力・心・感情を育てることをベースに、子ども本来の持って生まれた質を大切に活かしていきながら、社会の役に立つ人材育成を目指して活動しています。2008 年 4 月に始まったばかりですが、地域の皆様のご理解のもと、夏祭りや畑を借りての野菜作り等、体験プログラムも組めるようになってきました。

活動内容

- 基本教科学習（基本を学ぶ）、応用・発展学習（自ら学ぶ）、行動・実践学習（人とかかわる、協力する）
- 右脳トレーニング
- 「P&T」の名前の通り、親（Parent）と教師（Teacher）が共に協力し合って運営 しています。
- 「親の会」を定期的に開催。今後は「講演会」も開催していく予定です。
- 秋に「天ヶ沢こどもアートフェスティバル」と題し、作品展を開催。

○**対象**／小学生・中学生　○**在籍数**／ 33 名　○**会費**／年度毎に人数により変動します　○**スタッフ**／常勤 6 名・非常勤 その他親たち全員

フリースクール Kid's

行ってみよう！　楽しい仲間が待ってるよ

住所・連絡先

〒391-0012 長野県茅野市金沢 2185
Tel & Fax ／ 0266-58-5678

Mail ／ supportplan-suwa@crocus.ocn.ne.jp

代表者

小池 みはる

最寄駅

JR 中央本線茅野駅

開設年／ 1997 年
開室日／水・金曜日 10：30 ～ 16：00

設立趣旨・特色

「学校の外に子どもの居場所がほしい」との親たちと民間ボランティアにより 1997 年に設立。

きっかけも背景も違う子ども一人ひとりに寄り添い、その子らしく輝ける生き方をサポートするため、一人ひとりに合わせカリキュラムを編成。

まず、傷ついた心を癒し、自分らしさを取り戻し元気になることを目的に、子どもは子どもの中で育つことを実感しながら、人と人とのコミュニケーションがとれる遊びをとても大切にしています。月 1 回の子ども子どもミーティング、その中から様々な体験を企画していきます。

自然とお互いを大切にしあえる素敵な居場所。ちょっと外に出たい時、誰かと触れ合いたい時、そんな小さな気持ちの変化を大切にしている居場所です。

活動内容

・月 1 回の子どもミーティング
・講座として陶芸、カラオケ、調理実習など。体育館や外に出て体を動かす、冬にはスキーやスノーボード
・定期的に親の会を開催

○**対象**／ 6 歳～ 18 歳　○**在籍数**／ 12 名
○**会費**／ 1 回 500 円　○**スタッフ**／常勤 2 名

○**関連団体**／ NPO 法人子どもサポート「チームすわ」、ながネット

地球の子どもの家 生涯学習センター

立派な大人より、幸せな人になってほしい

住所・連絡先

〒399-2101 長野県下伊那郡下條村睦沢 4767-1
Tel & Fax／0260-27-3014

Mail／earth.kids@mis.janis.or.jp
URL／http://www.mis.janis.or.jp/~earth.kids/

代表者

加藤 和之

最寄駅

JR 天竜峡駅

開設年／1988 年
開室日／参加者と相談の後決定

設立趣旨・特色

地球の子どもの家は、通所型フリースクールと共同生活型の生涯学習施設の両要素を持った自立支援施設です。

長野の豊かな自然の中で、そこに住む人たちや仲間とコミュニケーションをとりながら自分探しのできる環境を用意し、次のステップに進めるよう、サポートします。

田畑に触れ、地域に触れ、仲間と過ごす日々のなかでコミュニケーション力を養います。

活動内容

・スポーツ
・学習指導
・社会体験
・生涯学習活動
・地域行事参加など

○**対象**／小学生以上～　○**在籍数**／現在募集中　○**会費**／通学・宿泊によって異なる。HP 参照　○**スタッフ**／常勤 3 名・非常勤 3 名

○**関連団体**／飯田市サポートセンター

NPO 法人
ドリーム・フィールド

まったりと過ごしながら、やさしい心を持って成長し社会へ繋がってゆくためのフリースクール

住所・連絡先

〒 435-0013 浜松市東区天竜川町 201
Tel & Fax ／ 053-422-5203

Mail ／ dream-field@excite.co.jp
URL ／ http://www.h7.dion.ne.jp/˜d-field/

代表者

大山 浩司

最寄駅

JR 東海道線
天竜川駅

開設年／ 2004 年　**開室日**／月～金 9：00 ～ 18：00　イベント時には土日も

設立趣旨・特色

スクールに通っているみんなに共通しているのは、「学校」という枠の中で疲れてしまったり、傷ついてしまっていたこと。学校で育っていく子達が「多数派」だとしたら、うちらは「少数派」。

でも、「多数派」だけが正しいわけではありません。学校に通っても、他人のことも思いやれず、何も考えないでただ流れに沿って社会に出る子もたくさんいます。競争することだけを身につけ、「お金」「ブランド品」「出世」などにしか生きる意味を見出だせない人もたくさんいます。

うちらは「少数派」だけど、お互いを認め合い思いやって、毎日を楽しく過ごしています。肩の力を抜いて、のんびりと、自分らしく、のびのびと育っています～。

活動内容

- 小中学校のお勉強 通信高校のお勉強（現在 15 人程度が公立通信制高校にも在籍中）アート（絵画・造形・写真 他）
- 音楽（バンド活動・ドラムレッスン・ボーカルレッスン、ピアノレッスン 他）お料理 テニス 卓球 バスケットボール
- ボードゲーム 映画 公園で鬼ごっこ アカウミガメ保護活動（産卵調査・放流会）戦場体験取材保存活動
- キャンプ 主催イベントや依頼イベントなどへのバンド出演（年間 10 本程度）アート作品展 スキー教室 他

○**対象**／小学生～ 20 代　○**在籍数**／ 40 名　○**会費**／ 2 万 8000 円～ 4 万 8000 円　※但し、発達障害児等生活支援事業に該当する子どもは、市への申請により、負担が軽減されます　○**スタッフ**／常勤 3 名・講師 12 名・非常勤 5 名

NPO法人
フリースクール三重シューレ

生き方はいろいろあるからおもしろい

住所・連絡先

①〒514-0006 三重県津市広明町328 津ビル1階
Tel／059-312-1115　Fax／059-213-1116
②〒510-0082 三重県四日市市市中部16-12

Mail／npo@mienoko.com
URL／http://mienoko.com

代表者

石山 佳秀
（理事長）

最寄駅

①近鉄 津駅
②近鉄・JR四日市駅

開設年／2003年
開室日／月曜日～金曜日 10：00～17：30

設立趣旨・特色

親たちが中心となり設立、運営を目的としたNPO法人三重にフリースクールを作る会を立ち上げ、市民や三重県遊技業協同組合等の支援によって設立しました。

「東京シューレ」をモデルにして、「自由・自治・個の尊重」の理念のもとで、安心できる居場所、楽しい活動・学びを子どもとスタッフで作っています。

津駅から歩いて2分のビルの1階にあります。狭い場所に、パソコン、ドラム、お店、鉄道・重機模型などがひしめいています。とてもにぎやかですが、畳スペースでごろごろしている子もいます。

活動内容

・三重シューレ内に、子どもが仕入れ・販売をしているお店があります。駄菓子・飲み物などコンビニより安いです。
・キャンプ、料理、ボーリング、カラオケ、写真撮影の散歩など子どもたちが自由に企画しています。
・連携している通信制高校の学習が三重シューレ内でできます。正規のスクーリング科目として、国語・理科・美術・英語・数学・社会がありますが、それ以外にもスタジオ、木工、デザイン、お茶・お花、テニスなどがあります。
・最近、レゴや鉄道・重機の模型で遊べるスペースを作りました。

○**対象**／6歳～20歳未満　○**在籍数**／20名
○**会費**／3万1500円　○**スタッフ**／常勤2名・非常勤12名

○**発行物**／年3回発行の会報

フリースクール WILL BE

自由で気楽な居場所、いろんな体験、冒険企画もやってます

住所・連絡先

〒 910-0006 福井市中央 1 丁目 18-3 村田ビル
Tel & Fax ／ 0776-25-3261

Mail ／ fwgd7876@mb.infoweb.ne.jp
URL ／ http://homepage3.nifty.com/fsw-web/

代表者

竹内 隆一

最寄駅

JR 福井駅

開設年／ 1997 年
開室日／月曜から金曜日 午前 10：00 ～ 18：00

設立趣旨・特色

平成元年、子供達の野外体験を中心にした冒険塾を開塾、不登校の子供達とのかかわりを始めた。平成 9 年にフリースクールとして開校、現在はジュニアコース（小中）高等学院（高校卒業コース）サテライトカレッジコース（一般自立支援）の 3 コースがあり、みんなそれぞれのペースでユニークに活動、楽しい活動の場であり、学びの場である。

活動内容

冒険企画……山登り、ハイキング、
スキー・スノーボード、研修旅行、
冬のアウトドア、
スノーシュー雪山散策、キャンプ

日々の活動や学習……畑作り、
野外観察会、学校の勉強の復習等支援

○**対象**／ 10 歳～ 25 歳　○**在籍数**／ 45 名
○**会費**／ 2 万 2500 円～　○**スタッフ**／常勤 6 名、非常勤 5 名

○**関連団体**／福井・登校拒否を考える親の会

NPO法人

夢街道国際交流子ども館

「人は人なか、木は木なか」子どもは子どもの中で確かに育つ

住所・連絡先

〒619-1152 京都府木津川市加茂町里新戸114
Tel & Fax／0774-76-0129

Mail／info@yumekaido-kodomokan.org
URL／http://www.yumekaido-kodomokan.org/

代表者

比嘉 昇
（理事長）

最寄駅

JR大和路線加茂駅

開設年／2001年
開室日／月曜～金曜日　9:00～16:00

設立趣旨・特色

子どもたちよ、大地に深く根を張ろう。枝葉もろとも根をはろう。人生につながる根を張ろう。

子ども館はムダなことをする楽しみをとっても大事にしている。子どもたちの居場所なのだ。そして、いつも子どもたちに一番いいように考える学びの場でもある。

大人たちよ、子ども館は子ども自身の人生のために教育を受けることを根源に据えて、優れた文化、芸術で子どもたちをつつみながら人として共に育ちあう大人の居場所でもある。なぜなら子どもたちは未来そして大人の希望であるから。

子ども館は過去を振り返るヒマを持たない。私たちの思いを占めているのは未来であり、私たちが子育て教育を通して創ろうとしているものは未来だから——。

活動内容

・自分がしたいことは自分で決められます（活動に参加・不参加、学習する・しない等）。
・みんなでする活動は話し合って決めます。
・1年を通じて野外でいろいろな体験ができます。
・子育て、教育講演会の開催。
・一年に一度フェスティバル（夢の樹祭…コンサート、演劇など）
・毎月親の会（夢の樹サロン）。

○**対象**／小・中・高　○**在籍数**／15名
○**会費**／月3万5000円＋設備維持費　○**スタッフ**／常勤6名・非常勤8名

○**発行物**／『"夢を紡ぐ"あるフリースクールの物語』、通信「夢の樹」、
JRキヨスク・新幹線『WEDGE』（雑誌・月刊）に「子どもも変わる大人も変わる」比嘉昇が連載

NPO法人

フリースクール・フォロ

子どもが中心になって創る学校の外の居場所

住所・連絡先

〒540-0025 大阪市中央区徳井町1-1-3
レディメードセンタービル2F
Tel／06-6946-1507　Fax／06-6946-1577

Mail／info@foro.jp
URL／http://www.foro.jp

代表者

花井 紀子（代表理事）

最寄駅

市営地下鉄谷町線・
中央線谷町4丁目駅

開設年／2001年
開室日／月曜〜金曜 10：00〜18：00

設立趣旨・特色

「学校に行かない子と親の会（大阪）」の有志らがつどい、学校の外で安心してつながれる場を創りたいと願って生まれた子ども・若者たちの居場所。これまで多様な学びや出会い・交流の機会を、子どもたちの声を柱にしてつくってきました。どんな状況を生きてきた人（子）であっても、人との当たり前な関係をつむげることを大事にしながら運営しています。

特色のひとつは、大小4つの部屋（計60坪ほどのスペース）が自由に使えることと関わる大人の人たちが多彩なこと。平日昼間にフツーに楽しんでこの場につながっている人たちと出会って、こんな子ども・若者時代、ひいては人生もアリ！って思っていいかも。

活動内容

・基本的に終日自由。やりたいこと（企画）や部屋・時間の使い方、何か持ちあがったときは、原則としてみんなの意見や気持ちを聞きあい考えあいながら相談。
・ふだんやっていること：おしゃべり、トランプやUNO、チェスや将棋、クッキング（料理・お菓子作り）、公園で外遊び、実験＆工作、ブドウなどの味覚狩り、工場などの社会見学、ピアノやギター、野球、テニス、時事講座、高認対策の勉強、パスタランチ、イラスト描き、コミック＆読書、TV&ネットゲーム、ビデオ鑑賞、個人学習タイム等…。親の会（月1回）
・ほかのフリースクールとのボーリング大会や野球大会なども、年に数回ですが、希望があれば参加します。

○**対象**／6歳(小1)〜18歳　○**在籍数**／約20名　○**会費**／3万8000円(09年度より改定予定)　○**スタッフ**／常勤2名・非常勤1名

○**発行物**／「Foro News Letter」(年3回発行＝支援会員に郵送)　○**関連団体**／学校に行かない子と親の会（大阪）、ふりー！ すくーりんぐ

NPO法人

フリースクールみなも

学校ではない、こんな場所

住所・連絡先

〒530-0047 大阪市北区西天満5-11-4
ふじビル502号
Tel & Fax／06-6365-7705

Mail／fs-minamo@nifty.com
URL／http://www.fs-minamo.jp

代表者

今川 将征
（理事長）

最寄駅

大阪市営地下鉄南森町駅・JR東西線大阪天満宮駅

開設年／2004年
開室日／月～金（土日祝休み）11：00～20：00

設立趣旨・特色

フリースクールみなもは、不登校の子どもたちとその保護者の方々への支援を行うことを目指して設立されたNPO法人です。子どもたちと保護者の方々の笑顔と新たな一歩のきっかけになるべく、居場所・親の会活動を行っています。

不登校の子はもちろん、学校に行っているけれども夕方限定や日数限定会員など（詳しくはホームページに）を利用している子もいて、できること、やりたいことに元気に、また無理をせずに、取り組んでいます。

子どもも大人も、まずは笑顔になれることが大事。そうすればまたそこから色んな事が始められる、と考えています。友達の家に遊びに来たような、なごめる場所です。ホームページも一度ご覧ください！

活動内容

基本的にはなごめる場所。みんなでおしゃべり、本を読む、絵を描く、ボードゲームやテレビゲーム、パソコン、少し勉強と、それぞれが思い思いに過ごします。そのほかちょっとイベント☆

・お泊まり会・テニス・海水浴・スキー旅行
・その他子どもから企画、提案があればいろいろと開催

○**対象**／6歳～20歳（入会18歳まで）　○**在籍数**／25名
○**会費**／フリースクールコース・月3万4000円（月4回まで1万2000円 他）
サポート校（高卒資格取得）コース・70万円
○**スタッフ**／常勤4名・非常勤7名

神戸フリースクール

安心できる「居場所・学びの場」を子どもたちへ

住所・連絡先

①〒 650-0011 神戸市中央区下山手 8 丁目 8-10
Tel & Fax ／ 078-366-0333
②〒 650-0012 神戸市中央区北長狭 7 丁目 3-11

Mail ／ kfs2008@live.jp
URL ／ http://kfs.freeschool.jp

代表者

田辺 克之

最寄駅

JR 神戸駅・
阪急花くま駅・
阪神西元町駅

開設年／ 1990 年
開室日／月・火・水・金 10：00 ～ 16：00

設立趣旨・特色

決まりきった学習内容と校則にしばられた生活とは違い、フリースクールでの生活は驚きと発見の毎日。自分達に必要な学びやアート・スポーツ・音楽・語学・法律など学校のカリキュラムにはない分野にも目を向けて世界を広げていけます。

バンドを組んでライブ、米や野菜などの農業体験を通じて食を体感、ピースランや子午線ウォークなどの冒険にチャレンジして自分に自信をもち、共感しあえる仲間にかこまれ、コミュニケーション力が高まっていきます。地域活動にも積極的で、ボランティアする心を培い、一市民としての自覚を身に着けていきます。

子ども達には、不登校というマイナス要因をプラスに変えていく力が備わっていることがフリースクールの活動から実証されています。卒業生らが「不登校があったから今がある」と自信を持って語っていますが、思春期に精神的な葛藤を乗り越えることでより一段強くなり、社会に出るための準備になることを教えてくれます。不登校が決してマイナスではなくひとつの生き方であり、フリースクールでの生活が豊かな子ども文化を受け継ぐ空間であると信じ、毎日活動を続けています。

活動内容

・アートパークフェスタ…子どもと大人の表現展
・米づくり・野菜づくり・夏キャンプ
・子午線ウォーク…明石～西脇までの 65 キロを子午線に沿って歩く（13 回目）

○**対象**／ 10 歳～ 15 歳 16 歳以上は高等部　○**在籍数**／ 14 名
○**会費**／入会金 10 万円、学費月 3 万円　○**スタッフ**／常勤 6 名・非常勤 5 名

○**発行物**／「オーレロ通信」（不定期）　○**関連団体**／不登校ネット兵庫

NPO 法人ふぉーらいふ

フリースクール ForLife

子どもたちが主体的に学び・つくる居場所

住所・連絡先

〒655-0034 神戸市垂水区仲田 2-2-32
Tel & Fax ／ 078-706-6186

Mail ／ forlife@hi-net.zaq.ne.jp
URL ／ http://www5e.biglobe.ne.jp/~forlife/

代表者

矢野 良晃
（副理事長）

最寄駅

JR 山陽本線垂水駅

開設年／ 1997 年
開室日／月～金 10：00 ～ 16：00（木曜休み、月曜 12：00 ～ 16：30）

設立趣旨・特色

・設立趣旨：学校に行かない・行けない子どもたちが安心して過ごせ、子どもたちの自主・自立を育む場の創造と教育環境の整備を含め、どの子どもたちお等しく生きること・学ぶことを保障し、不登校を始めとする子どものための居場所を設立。
・方針：「子どもがつくる・子どもとつくる」「いつでも・どこでも・だれとでも」
・特色：家庭的な雰囲気のある居場所です。日常は子どもたちの興味や関心に基づいて、生活者の視点で活動をしています。また体験活動、人・もの・文化との出会いを大切に考えています。食べること・遊ぶこと・話すこと・掃除なども子どもの活力になり、自信や将来の進路にもつながっていくようです。

活動内容

・日常は月曜日のカフェから始まり、ミーティングで活動などを話し合い決めています。誕生会・アート・スポーツ・料理 & 畑・天体観測・音楽活動・乗馬体験・釣りなど。この他淡路島の「トトロのかくれ家」（愛称）までサイクリング、里山（三田市）の工房で木工をしたり自然体験なども楽しんでいます。
・キャンプやスキー旅行の他に年に一度『仲間展』（文化祭）があり、居場所を地域に開放し、お客様、OB を招き模擬店などをしています。また、他のフリースクールとのスポーツ交流や、毎年垂水区のスポーツ大会の企画運営、ボランティアフェスタの実行委員として参加協力、近隣大学祭のフリーマーケットに参加など定期的なものと、外国人を招いての国際交流。今年からは地域福祉交流センターの文化祭にも作品出展。・学習では、基本教科の学習に加え、県立通信制高校を中心に外部との連携、フリースクールに在籍しながら高校卒業資格も得られます。

○**対象**／ 10 歳～ 17 歳（入会年齢） ○**在籍数**／ 10 名 ○**会費**／入会金 5 万円、月会費 3 万 5 千円 ○**スタッフ**／常勤 2 名、非常勤 7 名

○**発行物**／フリースクール ForLife10 周年記念誌、ゆう通信（隔月刊）
○**関連団体**／こうべ LD の会

フリースペースてらこやおひさま

ぽかぽかのおひさまみたいな場所

住所・連絡先

〒701-0203 岡山県岡山市古新田 904-1
Tel & Fax ／ 086-282-5207

Mail ／ ohisamasenoo@mx9.tiki.ne.jp
URL ／ http://terakoya-ohisama.hp.infoseek.co.jp/

代表者

金岡 史乃

最寄駅

JR 宇野線
備前西市駅・妹尾駅

開設年／ 1999 年
開室日／平日火・水曜日 13：00 ～ 17：00、月 2 回土曜日 14：00 ～ 18：00

設立趣旨・特色

不登校の親の会から出発したおひさまは、今年で 10 年になります。日中、安心して過ごせる場として親を中心に、人が集まり、子どもたちも「やってみたい」ことを通して学んできました。

10 歳になるおひさまは、これまでの居場所ではもの足りず、新たなプロジェクトを始めるため移転して、さらにパワーアップしています。

新しいてらこやおひさまに、遊びに来てくださいね。

活動内容

・おひさまフェスティバル（年 1 回）
・毎週 1 ～ 2 回若者スペース……主に高校生以上の年齢対象
（月 2 回・お菓子作り、遊戯王カード、和太鼓、学習……主に数学）

○**対象**／ 6 歳～ 20 歳　○**在籍数**／ 7 名
○**会費**／ 1 日 700 円・会員登録料 1 年 3000 円　○**スタッフ**／非常勤 2 名

○**発行物**／「おひさま通信」（月 1 回）「すぺしゃる Toy's Box」

NPO法人ひゅーるぽん

コミュニティーほっとスペース じゃんけんぽん

自分らしくいきいきとした育ちを応援します

住所・連絡先

〒731-0102 広島市安佐南区川内
5丁目14-24-2F
Tel／082-831-6888 Fax／082-831-6889
Mail／hotspace@hullpong.jp
URL／http://www.hullpong.jp

代表者

川口 隆司（理事長）

最寄駅

JR可部線
七軒茶屋駅

開設年／2001年 **開室日**／月曜14：00～18：00、火～金曜10：00～18：00、土曜10：00～17：00

設立趣旨・特色

不登校のこどもたち、障がいのある子どもたちが一緒に過ごすほっとスペースです。

学校に行っていても行っていなくても、障がいがあってもなくても、その子がその子らしく、いきいきと成長していけるように、主に遊びを通して子どもたちの育ちを応援しています。

やりたいと思った事は、みんな自分たちで考えて実行します。仲間と一緒に、自分が自分らしく楽しく生きていける…そんなところです。

活動内容

「子ども主義」の観点を大切に、子どもたちのミーティングの中で活動が決まっていきます。春は旅行にお花見バーベキュー、夏は恒例のキャンプやナイトウォーク、秋は焼きいも、冬はクリスマス会に雪遊び….。月一回のわくわくタイム（遠足など）など、楽しいことはいっぱい。
集団の遊びの中で、子ども同士の絆、交流を深めています。

○**対象**／おおむね4歳～18歳 ○**在籍数**／35名
○**会費**／月4万2000円 ○**スタッフ**／常勤5名・非常勤2名

○**発行物**／ホームページで情報公開中

NPO法人

YCスタジオ(Youth Culture Studio)

若者のオルタナティブな生き方・文化発信！

住所・連絡先

〒690-0061 島根県松江市白潟本町70番地
Tel & Fax／0852-25-9592

Mail／info@ycs.or.jp
URL／http://www.ycs.or.jp

代表者

木村 悦子
(理事長)

最寄駅

JR松江駅

開設年／2004年
開室日／土日祝日を除く毎日 11：00～18：00

設立趣旨・特色

NPO法人YCスタジオ(Youth Culture Studio)は、10代後半から30代前半の若者たちに安心していられる居場所を提供して、自信と希望を取り戻し、自分なりの生き方を見つけるところまで支援します。

今若者たちは、先の見えない不安の中で生き辛さを抱えつつ、新しい生き方を模索しています。

私達は、若者たちと一緒に、豊かで多様なもう一つの文化を、島根の地から、発信していきます。

活動内容

築100年、町屋造りの古民家で、居場所・相談、音楽・ファッション・写真などのスタジオ、農作業やスポーツ、宿泊・交流などをしています。
また、起業・就業支援ワークショップとして、若手作家の作った作品を売るチャレンジショップ「YCスタジオクリエイトショップ」と「Café sou」をやっています。
・居場所・クリエイトショップ：土・日・祝日を除く毎日 11：00～18：00
・Café sou：土・日・祝日を除く毎日 11：00～17：00　週1回 定食・お弁当、月1回・ライブカフェ・アートカフェ
・親の会：月1回 ひきこもり等について親同士話し合います。・個人相談：随時

○**対象**／15～35歳　○**在籍数**／23名
○**会費**／5000円　○**スタッフ**／常勤2名、非常勤4名

○**関連団体**／松江フリーダス、松江不登校を考える会(カタクリの会)

NPO 法人

Nest（旧 フリースクール下関）

あなたは あなたのままで いい

住所・連絡先

①〒 751-0832 山口県下関市生野町 2 丁目 27-7
Tel & Fax ／ 083-255-1026
②〒 750-0025 山口県下関市竹崎町 3-5-25

Mail ／ nest-free@polka.ocn.ne.jp
URL ／ http://www17.ocn.ne.jp/~free-s2/

代表者

石川 章
（代表理事）

最寄駅

JR 幡生駅

開設年／ 1996 年 **開室日**／月 12：00 ～ 16：00
火・木 11:00 ～ 15：00

設立趣旨・特色

Nest には「巣」という意味の他に「居心地のいい場所」という意味合いがあります。

人に対する肯定的な見方が、それぞれの人が自分らしく生きることへのエネルギーになります。人を変えることではなく、私というものを変えることでもなく、あなたや私が自分らしく存在しあえること、そしてそれが命の尊厳に繋がって行くと Nest では考えています。

そうしたところを根幹に、不登校・ひきこもり状態にある若者たちを始め、様々な人々の生き方の応援になる活動に取り組んでいます。

活動内容

＊フリースクール下関Ⅰ・Ⅱ（月・火・木曜）
＊面接相談、出張相談、ホームカウンセリング
＊空いろ相談日（月 1 回低料金にて相談受付）
＊サポート養成講座（スタッフ希望者・地域支援者・先生・親対象）
＊家族支援例会（ひきこもり状態にある人をお持ちの家族へ月 1 回、専門家のアドバイスを受けながらのグループワーク）
＊情報ステーション（職場・学校等、進路に関する情報の収集・発信）
＊学習サポート ＊講演会 ＊講師派遣 ＊ Nest 通信発行

○**対象**／年齢制限なし ○**在籍数**／ 28 名
○**会費**／月 5000 円～ 2 万円 ○**スタッフ**／常勤 5 名・非常勤 3 名

NPO法人

フリースクールAUC

子どもが創る 子どもと創る

住所・連絡先

〒753-0033 山口県山口市大市町2-2
Tel & Fax／083-928-6339

Mail／npodeauc@yahoo.co.jp
URL／http://auc.daa.jp/fs/

代表者

田端 満弘
（代表理事）

最寄駅

JR山口線山口駅

開設年／1991年
開室日／月・水・金 10：00〜17：00

設立趣旨・特色

不登校・中退生の増加に伴う当事者を中心とした青少年のサポートを通じ、学校外の学びや育ちの大切さを、また子ども主体の教育のあり方を創造発展させていくことを目的に活動しています。

子どもの個性、人格を認めるのであれば、今の学校教育に合わない子どももいて当たり前。学校制度の見直しもなく「学校に行けないから悪い」なんて言わないで！学校の外で元気を回復して成長していく子どもだってたくさんいるのです。

活動内容

＊学校外で育つ子どもたちへの居場所の提供
＊通信制高校などの学習サポート
＊影絵劇など創作活動
＊地域の市民活動団体のイベントへの参加

○**対象**／6歳〜　○**在籍数**／16名
○**会費**／月1万5000円〜　○**スタッフ**／常勤2名

○**発行物**／メールマガジンの発行（ホームページより）
○**関連団体**／NPO法人 きらきら銀魚

フリースクールヒューマン・ハーバー

子ども主体の自由で楽しい居場所

住所・連絡先

〒761-8064 香川県高松市上ノ町 3-3-7
Tel ／ 090-7623-6496
Fax ／ 087-865-0157

Mail ／ human-harbor@mx8.tiki.ne.jp
URL ／ http://ww8.tiki.ne.jp/~human-harbor/

代表者

木村 清美
(主宰)

最寄駅

琴電三条駅

開設年／ 1996 年
開室日／月・火・水・金・土 10：00 ～ 17：00

設立趣旨・特色

1996 年 9 月設立。子どもが主体となり、自分のやりたい事に挑戦したり、時には失敗したり…子どもが生きていること全てが学びと考えています。失敗から多くの事を学び、友達と喧嘩をしても必ず和解することを体験し、人は完璧でなくても良いことを体感できる場所でありたいと考えています。学校で学ぶカリキュラムは、興味が出ればいつでも勉強できますので、学びたい欲求が本人から出るまでゆっくり心に寄り添い、自分自身のエネルギーが充電できるまでゆったりとした時間が過ごせる場所です。そしてヒューマン・ハーバーに関わる全ての人の自由が保障されるホットな居場所です。

いつでも気軽にのぞいてみて下さい。

活動内容

・人形劇団「左団扇」による人形劇上演（年間 10 回程度出張上演）
・農作業・バンド演奏・チャリティーパーティー・夏キャンプ
・冬限定極寒体験キャンプ・自転車旅行・スポーツ大会
・老人ホームでの定期的ボランティア活動（12 年継続）
・地域コミュニティーセンターで子どもたち対象の「ゆめスペース」開催（毎週土曜日）
・行政との協働事業開催・電話相談・年 2 回講演会開催
・フリースペース「出会いの港」オープン

○**対象**／ 7 歳～ 18 歳　○**在籍数**／ 17 名
○**会費**／ 5 万円　○**スタッフ**／常勤 3 名・非常勤 5 名

○**発行物**／ヒューマン・ハーバー会報（年 6 回定期購読可）
○**関連団体**／ NPO 法人四国ブロックフリースクール研究会

NPO法人

フリースクール地球子屋《てらこや》

自分のことは自分で決める！

住所・連絡先

〒862-0949 熊本県熊本市国府1-23-3
Tel & Fax／096-363-7633

Mail／terra_koya@nifty.com
URL／http://homepage2.nifty.com/terra_koya/

代表者

西 与里子
（理事長）

最寄駅

JR水前寺駅

開設年／1996年（2003年法人化）
開室日／火曜日から金曜日 10：00～15：00

設立趣旨・特色

地球子屋は、学校に行けない・行かない子どもたちの親が、子ども中心の理念に立ち、具体的な子どもの居場所を作る為に設立しました。その専門家ではない素人の、しかし子ども達を思う意思はだれにも負けない集まりが、父母立という概念に立ち、子ども・若者の育ちと自立を支援する為に、学習の場所と機会を提供しようと活動を始めました。2003年にNPO法人化しました。次の4つの理念を定めています。

1. 成長と学びの場であり、好奇心や探究心を育てまたそれに応えて学習の機会を保障する
2. 出会いと仲間づくりの場であり、共生と共育同時に個の尊重ができること
3. 受容によって子どもたちの自己肯定感を育て自己決定と自立を援助する
4. 大人たちにとっても、親として、社会の構成員と しての学びと成長の場

活動内容

1. ゼミナール：講師による講座形式の学びです。座学形式のものから実践・体験的学びまで様々です。
2. プロジェクト：テーマや内容は子どもの興味関心によって決まり様々なことを探求します。グループ又は個人で取り組みます。
3. ミーティング：活動内容を決めたり、問題を解決したりする民主的な話し合いの場。ミーティングの種類は子ども、スタッフ、合同の3種類があり、それぞれの連携を大切にしています。
4. オープンイベント：一般参加者とスクール会員合同の体験型学習。子育て支援事業として相談会、親の会、講演会、学習会。リサーチや研究、さらに全国のフリースクールなどとの連携を深める調査研究事業など。

○**対象**／10歳～20歳　○**在籍数**／10名（体験を含む）　○**会費**／スクール月会費2万円、法人年会費5000円　○**スタッフ**／非常勤6名

○**発行物**／地球子屋つうしん（年3回発行）

NPO法人

フリースクールクレイン・ハーバー

みんなで楽しく、笑顔がいっぱいです

住所・連絡先

〒852-8021 長崎県長崎市城山町26-10 田浦ビル2F
Tel／095-861-2453
Fax／095-800-6899

Mail／craneharbor@har.bbiq.jp
URL／http://www1.bbiq.jp/craneharbor/

代表者

中村 尊

最寄駅

市電 松山駅

開設年／2004年　**開室日**／月曜～金曜 9：30～17：00（木曜のみ13：30まで）

設立趣旨・特色

いろんな人達とのつながりや様々な体験を通して、ゆっくりと自分を見つめ直し、生きていくことの意義や喜びを感じることができる機会・時間を提供したいと思っています。

野外活動が多いのが特徴で、農家の方々から旬の無農薬野菜やアイガモ米、猪や鴨の焼肉などもご馳走になっています。

陶芸や木工などの創作活動も盛んで、特に陶芸の窯焚きは火が持つ力・魅力・危険を肌で感じる貴重な体験です。

普段はアットホームな雰囲気で、スタッフも子どもたちと一緒にいろんな活動を楽しみながら、居心地の良さのみならず、共に成長することを追及しています。過去を憂いたり未来を嘆くよりも、“今”を大切に楽しく過ごしましょう！

活動内容

- 陶芸（薪割りから窯焚きまで）・木工による創作活動、畑での農作業、アイガモ農法による稲作、ボランティア体験など、様々な野外活動を行っています。その他、……夏のキャンプ、冬のクリスマス会、お泊り会を年に1回開催。
- 週に2日のゆっくりの日（月曜日と木曜日）は、クレインの施設内でみんなで楽しくおしゃべりしたり遊んだりして過ごしています。
- ラジオ番組（毎週月曜日）による情報発信・相談受付も行っています。

○**対象**／小1～19歳　○**在籍数**／14名
○**会費**／月謝3万円　○**スタッフ**／常勤1名・非常勤4名

NPO 法人

珊瑚舎スコーレ

学校をつくろう！

住所・連絡先

〒 900-0022 沖縄県那覇市樋川 1-28-1-3F
Tel ／ 098-836-9011
Fax ／ 098-836-9070

Mail ／ sango@nirai.ne.jp
URL ／ http://www.sangosya.com

代表者

星野 人史
（理事長）

最寄駅

与儀十字路バス停

開設年／ 2001 年　**開室日**／月曜～金曜 8：50 ～ 15：50、18：00 ～ 21：00

設立趣旨・特色

珊瑚舎の学校に対する考え方を端的に表現したものが「学校をつくろう！」です。学校に出来上がりはありません。いつもみんなで「学校をつくろう！」状態なのです。

学校の中核は授業ですから「学校をつくろう！」は「授業をつくろう！」でもあります。

その場に参加しなければ体験できない、他の価値には置き換えることが出来ない「学び」をみんなで作り出し、生徒、学生が「納得できる自分を創る」ための手助けをすることが学校の役割だと考えています。

活動内容

中等部（中学生対象）、高等部（高校生対象）、専門部（高卒者）、夜間中学校（学齢期を過ぎた義務教育実修了者対象）の４つの課程があります。月曜日から金曜日まで独自のカリキュラムで授業が組まれています。

毎週金曜日は校外活動の時間（夜間中学校を除く）になっていて、現在は丘陵地に島型循環エコシステムを体験できる宿泊施設をみんなで建設中です。

行事作りなども盛んで、さまざまな形の行事や特別活動が「自準備、自作、自演、自片づけ」で行われています。主なものをあげると「かーち遊び（昼の生徒の夏のパーティー）」「まにまに祭（前期の学習発表会）」、「ゆんたく遊び（夜間中学校のパーティ）」「とぅんじー遊び（年末のパーティー）」、「うりづん庭（学年末の学習発表会）」など。

その他、キャンプ、遠足、修学旅行、フィールドワーク、講演会、ハーリー競漕、スポーツ大会、詩のボクシング、美術作品発表会など。

○**対象**／ 13 歳以上　○**在籍数**／ 76 名　○**会費**／月 2 万 7000 円（昼）1500 円（夜）　○**スタッフ**／常勤 5 名、非常勤 46 名

○**発行物**／「学校をつくろう！通信」（隔月）「まちかんてぃ！通信」（隔月）

支援会員団体一覧

フリースクール全国ネットワークの「支援会員」の情報です

団体名・住所	代表者	電話・ファックス
那須虹の学園 325-0001 栃木県那須郡那須町大字高久甲 5072-3	佐久間千春	0287-63-6181
本庄フリースクール 367-0611 埼玉県本庄市小島 3-3-17	仲野谷由美	0495-23-0817
アトリエ・ゆう 330-0846 さいたま市大宮区大門町 3-205 新井ビル 303	本居麗子	048-658-2552
フリースクール JAT 260-0034 千葉市中央区汐見丘町 14-5	古山明男	043-241-0170
フリースクール恵友学園 110-0015 東京都台東区東上野 5-11-9 上野奉英ビル 1F	重田稔仁	03-5246-6730 03-5246-6740
友だちひろば なゆた 177-0041 東京都練馬区石神井町 1-24-6 原田ビル 3F	佐藤崇	03-3997-9324
スペース・キール 192-0041 東京都八王子市中野上町 5-27-7	小野慶子	0426-27-1952
NPO 法人フリースペースたまりば 213-0033 川崎市高津区下作延 1500-6 川崎市子ども夢パーク内	西野博之	044-833-7562 044-833-7534
湘南サドベリースクール 253-0053 神奈川県茅ヶ崎市	木村聡	（メールアドレス） info@shonan-sudbury.org
フリースクール佐久 385-0052 長野県佐久市猿久保 185-1	吉田照子	0267-67-8986
フリースクールまんじぇ 491-0813 愛知県一宮市千秋町町屋字東沼 24-13	今井恭子	0586-75-5338
フリースペース SAKIWAI 630-8114 奈良県奈良市芝辻町 2-11-16 圭真ビル 401	大谷かおる	0742-34-4867
結空間 584-0036 大阪府富田林市甲田 3 丁目 9-26 めだかの家内	中尾安代	0721-25-5132
デモクラティック・スクール“まっくろくろすけ” 679-2324 兵庫県神崎郡市川町坂戸 592	黒田喜美	0790-26-1129
フリースペース旅遊 720-0091 広島県福山市西神島町 2-8	脊尾幸子	084-952-2523
不登校を考える会広島 738-0512 広島市佐伯区湯来町白砂 31-168	眞田恭子	0829-86-1918
フリースペース「コスモスの会」 832-0827 福岡県柳川市三橋町蒲船津 217-1	伊東みさき	0944-72-4876
NPO 法人フリースペースぱずる 870-1124 大分県大分市旦野原ハイツ 880-96	石三修	097-503-8660 097-503-8661

ＮＰＯ法人フリースクール全国ネットワークは、子どもの権利条約を尊重して活動する全国各地のフリースクールなどがつながり、二〇〇一年二月に誕生しました。私たちは、子どもも大人も同じひとりの人間として尊厳される存在である、という視点を大事に活動しています。

ネットワークの活動としては、子どもの実行委員会を中心にフリースクールフェスティバルやスポーツ大会、シンポジウムなどを各地で開催、毎年夏には、「全国夏の子ども交流合宿」を行うなど、交流イベントの事業を企画、開催しています。

二〇〇八年のフリースクールフェスティバルでは、福島、神奈川、静岡、新潟、福井、兵庫、香川、岡山、熊本など、全国一〇か所、それぞれの地域で特色のあるフェスティバルが開催されました。東京では、葛飾中学校をお借りして、約五〇〇人参加の全国フェスティバルを開催し、エンディングでは校庭に描いたナスカの地上絵にロウソクを灯して、フィナーレを楽しみました。

夏には、「子ども交流合宿in佐賀」を企画し、地元佐賀の方々のご協力をいただきながら熱気球を揚げたり、干潟で泥んこになりながら遊んだりしながら楽しむ行事や、子どもや若者の体験談を聞くシンポジウムなどを開催しました。

そのほか、毎年恒例になっている「フリースクールスタッフ養成講座・研修」や「政策提言・調査研究」「国際交流」「ネットワーキング・情報発信」などの事業を、資金面は決して豊かではないなかで、やりくりをしながら行っています。

この全国ネットワークの目的を定款よりご紹介しましょう。

「この法人は、子ども中心の理念に立って運営するフリースクール、フリースペース、子どもの居場所、ホームエデュケーションのネットワークなどの団体が連携・協力・交流し、これらの新しい子どもの学び・成長の場の可能性や教育選択の多様化を進める事業を行い、不登校の子どもや若者たちの生きかたへの支援、子どもの権利保障の拡大と福祉の増進、子どもの社会参画の推進に寄与し、子どもが幸せに生きられる社会づくりに資することを目的とする」（定款　第二章　第三条より）

「教育」の分野に限定せず、子どもの権利という福祉の視点が盛りこまれていることが特徴的であり、子どもそのものへの支援を考え実践していく団体であると明記しています。

さて、この本に登場した一四人の子ども・若者たちは、日本全国の学校外の居場所、フリースクールやフリースペースなどで育った、不登校を体験した人たちです。ここに展開されているのは、学校に行けない、行かないということで悩み傷つき葛藤してきた、正真正銘の原寸大のドラマです。その一人ひとりが誰のものでもない自分の人生の主人公であるために、自分の外の世界と闘ってきたと言えるのではないでしょうか。真摯に自分自身に向き合い、自分らしい道を模索しながら歩んできた物語がある、そんなふうに彼らの文章を読み感じました。

不登校になったいきさつは様々です。学校の中で「みんな」からのいじめやいやがらせを受けていた人、教師との関係で傷ついたという人もいます。教師の無理解から「学校に来るな」と言われたり、「先生は自分の話に一向に耳を傾けてくれなかった」と書いている人、「あたりまえの学校の仕組みが自分にとってとても怖かった」と、学校を信頼することができなかった人もいます。

家庭で育ったという話を書いてくれた若者は、姉が学校に行かなくなり、その後、妹や弟五人全員が不登校をして、家にいるのが楽しく自宅がフリースペースみたいだったと言っています。逆に、「不登校になる原因のひとつは家庭にあるのではないか、自分の場合は親が理想の子どもに作りあげようとした結果だと思う。もっと親と子どもの会話が必要だ」と思いをめぐらしたあと、「フリースクールに通わせてくれて、こういう体験をさせてくれた親に、今は本当に感謝しています」と、これまでのつらかった体験を受け入れ、親子関係を修復していったという人もいました。

しかし、そんな彼らにいまだに社会のまなざしは厳しく、不登校は本人の甘え、わがまま、怠けであると思い込んでいる人や、実際に口に出して言う人は少なくありません。

ひとりの若者は、不登校をして家にいた頃のことを「最初は毎日親からなぜ行かないのかや学校に行けと言われていました。当然、行くわけもなく、部屋にこもりゲームをしたりマンガを読んだりしていました。その生活は自分が望んだことなのではなく、そうするしかなかったのです。こうだから、こうで、こうしたいなんて考えられませんでした。だから、選択の余地がなくてきつかったのかもしれません」と自己分析しています。決して気楽な毎日を送っていたわけではないのです。

やっと学校外に居場所を見つけた若者たちは、そのなかで生きる意味を見い出し、不登校の経験を肯定的に受けとめられるようになっていきました。ほとんどの人が積極的に、「不登校をしたからこそ、今の自分がある」と言っています。自分で選択した、自由な学びと出会いの空間は、必然的に自律から自立へと向かうことになった、といえるのではないでしょうか。

人は多様な存在です。ひとりとして同じではありません。だとしたら、教育のあり方、成長のあり方も多様でなければならないのは自明のことのように思われます。学校だけではなく、子どもたちの成長の場が現実にここにあるのです。そのような子ども・若者たちを支援していくシステムの制度化を早急に用意する義務が、私たち大人にあるのではないでしょうか。

最後までこの本をお読みいただきありがとうございました。これからも、子どもの立場を尊重した子ども中心のフリースクールなどで育つ子ども・若者と、彼らを支援しているフリースクール全国ネットワークを応援していただきますよう、お願いいたします。

最後に、原稿を書いてくださったフリースクール育ちのみなさん、支えていただいたフリースクールのスタッフの方々、そして、お忙しい時期にもかかわらず、手記に目を通し、本書に推薦を寄せていただいた尾木直樹さんに心より御礼を申し上げます。

そして本書の出版を引き受けてくださった東京シューレ出版の小野利和さん、編集の須永祐慈さんに感謝を申し上げます。

二〇〇八年一二月二〇日

NPO法人フリースクール全国ネットワーク
代表理事　増田良枝

NPO法人フリースクール全国ネットワーク
〒114-0021東京都北区岸町1-9-19
Tel＆Fax 03-5924-0525
Mail info@freeschoolnetwork.jp
HP http://www.freeschoolnetwork.jp/

フリースクール
ボクらの居場所はここにある!

2009年2月1日 初版発行

編者◎NPO法人フリースクール全国ネットワーク
発行◎小野利和
発行所◎東京シューレ出版
〒162-0065 東京都新宿区住吉町8-5
Tel・Fax/03-5360-3770
Email/info@mediashure.com
HP/http://mediashure.com

印刷・製本◎モリモト印刷株式会社
装幀◎芳賀のどか

定価はカバーに表示してあります。
ISBN 978-4-903192-11-6 C0036